그림이 보이고
경제가 읽히는 순간

청소년을 위한 미술 속 경제학

태지원 지음

|주|자음과모음

CONTENTS

선택의 경제학

———

시장에서 만나는 경제학

———

경제학, 자본주의 역사 속으로

경제학, 사회 문제 속으로

세상에서 가장 유명한 그림 중 하나인 레오나르도 다빈치의 〈모나리자〉를 보며 사람들은 여러 가지 궁금증을 머릿속에 떠올립니다.

왜 모나리자는 눈썹이 없을까?

모나리자의 미소가 유명한 이유는 뭘까?

레오나르도 다빈치는 정말 천재였을까?

그림을 감상할 때마다 자연스레 이런저런 질문이 떠오르는 이유는 무엇일까요? 바로 어떤 그림이든 그 속에 수많은 이야기가 담겨 있기 때문입니다. 그림의 주제, 그림이 그려진 시대에 일어난 사건, 그림을 그린 화가의 사연 등 많은 이야기가 그 안에 숨어 있습니다. 그래서 그림을 감상하며 그 뒷이야기를 궁금해하고, 나름의 상상에 빠져듭니다.

경제학은 우리 삶과 가장 밀접한 학문 중 하나입니다. 백화점이나 인터넷 쇼핑몰에서 물건을 사고, 주가나 환율에 관련된 기사를 접하며 살아가는 일상의 여러 활동이 경제학이라는 학문과 연관되어 있습니다.

하지만 청소년들이 경제라는 과목을 학교에서 만나게 되면 다소 어렵다고 느끼기도 합니다. 경제는 복잡한 개념과 통계 수치, 그래프로 이론을 뒷받침하는 논리적이고 과학적인 학문이기 때문이지요. 그래서 경제 과목은 깊이 들여다보기도 전에 어렵고 딱딱한 과목으로 여겨집니다.

그림과 경제를 만나게 한다면 어떨까요? 미술과 경제의 조합은 언뜻 낯설게 느껴집니다. 하지만 명화가 담고 있는 수많은 이야기를 따라가다 보면 경제학의 내용과 맞닿는 부분이 있습니다. 그림에 담긴 흥미로운 이야기를 자연스럽게 풀어 가다 보면 희소성이나 시장, 실업, 인플레이션과 같은 중요한 경제 개념을 발견할 수 있을 뿐만 아니라 세계 경제의 큰 흐름도 살펴볼 수 있습니다. 마치 그림 속에 숨은 보물을 찾는 것처럼 말입니다.

이 책은 미술 교과서에 나오는 명화에서 출발하여 중고등학교 경제 교과서에서 다루는 경제 개념과 원리, 경제사의 흐름 등을 쉽고 재미있게 설명하는 데 중점을 두고 쓰였습니다. 교사로서 현장에서 많은 학생에게 경제를 가르치는 동안, '경제는 배우기가 쉽고 재미있다'라고 말하는 학생은 그리 많지 않았습니다. 오히려 표나 그래프를 이해하기 어렵다고 말하거나, 이런 복잡한 내용을 왜 배워야 하는지 모르겠다고 토로하는 학생들이 적지 않았습니다. 살아가면서 경제를 잘 아는 것이 중요하다는 데 크게 공감해 온 만큼, 학생들이 경제라는 과목을 좀 더 말랑말랑하고 친근하게 느끼도록 돕고 싶다는 소망으로 이 책을 썼습니다.

이 책에서는 중고등학교의 사회나 경제 시간에 배우는 경제적 선택, 수요와 공급, 시장 가격 등 경제 개념들을 위주로 서술했습니다. 지나치게 어려운 경제 용어나 원리들을 다루기보다는 기본 핵심 개념을 바탕으로 기초를 탄탄하게 쌓도록 해 주고 싶었기 때문입니다.

또한 실생활에서 우리가 맞닥뜨리는 상황과 관련지어 경제를 이해하도록 돕고 싶었습니다. 특히 경제를 친근하게 설명해 주는 선생님과 호기심 많은 학생 지니의 대화를 통해 경제 개념과 원리가 실생활에서 어떻게 적용되는지 살펴보는 '수업을 마치며' 코너를 넣은 것은 이 때문입니다.

이 책을 읽고 미술과 경제 두 분야에 대한 관심과 흥미가 조금이

나마 높아지기를 바랍니다. 또한 여러분이 그림을 감상할 기회가 있을 때, '혹시 이 그림 속에도 경제 원리가 숨어 있을까?' '이 그림이 그려진 시대의 경제 상황은 어땠을까?' 하며 호기심을 가지고 그 의문을 해소해 나갈 수 있게 된다면 더욱더 좋겠지요.

이 책이 세상에 나오도록 해 주신 자음과모음 출판사에 감사드립니다. 책을 집필하는 동안 여러모로 도와주고 응원해 준 남편과 가족에게도 고마움을 전합니다.

태지원

1

선택의 경제학

세상에서 가장 비싼
그림의 비밀

#다빈치의 〈살바토르 문디〉로 본 희소성

〈살바토르 문디〉, 세상에서 가장 비싼 그림

2017년 11월 15일, 유명 예술 작품을 판매하는 뉴욕 크리스티Chris-tie's 경매에서 미술계 역사상 가장 비싼 그림이 탄생했다는 소식이 들려왔습니다. 경매로 낙찰된 그림의 가격은 4억 5030만 달러, 우리 돈으로 환산하면 약 4850억 원이었습니다. 이는 이전까지 가장 비싼 그림이던 파블로 피카소Pablo Picasso의 〈알제의 여인들Les Femmes d'Alger〉이 기록한 가격(약 1967억 원)보다 무려 두 배가 넘는 가격이었습니다.

이 작품의 제목 〈살바토르 문디Salvator Mundi〉는 '세상의 구원자'라는 의미를 지닌 라틴어입니다. 그림에는 예수 그리스도가 왼손에 유리구슬을 들고 오른손으로 축복을 내리는 모습이 담겨 있습니다.

〈살바토르 문디〉, 레오나르도 다빈치, 1506~1513년경

이 작품은 왜 이렇게 비싼 값에 팔렸을까요? 이 작품을 그린 화가가 바로 레오나르도 다빈치Leonardo da Vinci이기 때문입니다. 레오나르도 다빈치는 〈모나리자Mona Lisa〉〈최후의 만찬Ultima Cena〉 등 엄청난 걸작을 남긴 예술가입니다. 과학, 건축, 토목 등 여러 가지 방면에 재능을 보인 천재이기도 했지요.

사실 〈살바토르 문디〉는 레오나르도 다빈치를 흉내 낸 제자의 그림일 것이라는 논란이 끊이지 않았던 작품입니다. 하지만 몇 년 전 진품임이 확인되면서 다빈치가 그린 '남자 모나리자'로 널리 알려졌고, 2017년 경매 시작 19분 만에 최고가로 판매되었습니다.

〈살바토르 문디〉가 최고가를 기록한 또 다른 이유는 레오나르도 다빈치의 완성작이 워낙 적다는 데 있습니다. 레오나르도 다빈치는 여러 방면에 재능이 많았던 만큼 한 가지 일에 매달리는 시간이 짧아 제대로 완성한 그림이 적었고, 특히 유화는 고작 20점만 남겼다고 합니다. 그런 데다 작품 대부분이 각국 박물관이나 미술관에 보관되어 있어, 개인이 소장할 수 있는 작품은 〈살바토르 문디〉가 거의 유일합니다. 엄청난 명성을 얻은 레오나르도 다빈치의 그림, 그중에서도 개인이 살 수 있는 거의 유일한 유화 완성작이라는 점에서 〈살바토르 문디〉는 무척 큰 가치를 지니고 있습니다.

경제적 고민의 출발점, 희소성

네덜란드 화가 피터르 브뤼헐Pieter Brueghel the Elder의 〈바벨탑The Tower of Babel〉이라는 작품이 있습니다. 이 작품이 바탕을 두고 있는 전설 속 고대 바빌로니아 사람들은 신에게 닿으려는 욕망 때문에 끝이 보이지 않는 높은 탑을 쌓아 올렸습니다. 그런데 하늘에 오르려는 인간의 욕망은 신의 노여움을 사고 맙니다. 결국 신은 인간들이 더는 서로 협력하여 탑을 쌓지 못하도록 언어를 각기 다르게 만들어 버렸다고 합니다. 이 전설로 인해 '바벨탑'은 인간의 무한한 욕망을 상징하는 말이 되었습니다.

바벨탑 이야기에서 알 수 있듯 인간의 욕망은 무한합니다. 그에 비해 이를 충족할 수 있는 수단인 자원은 대부분 그 양이 한정되어 있습니다. 앞서 이야기한 〈살바토르 문디〉도 마찬가지입니다. 레오나르도 다빈치의 작품을 개인적으로 소유하고 싶어 하는 사람은 무척 많지만 이 작품은 세상에 단 하나뿐입니다. 사람들이 가지고 싶어 하는 욕망에 비해서 실제 존재하는 레오나르도 다빈치의 작품 수는 부족하지요. 그래서 〈살바토르 문디〉와 같은 그림은 너무도 귀한 작품이 됩니다. 이렇

〈바벨탑〉, **피터르 브뤼헐**, 1563년
하늘에 닿고자 하는 인간의 끝없는 욕망으로 만든 탑. 결국 인간들은 신의 벌을 받게 되었다.

게 귀한 것은 값이 높아지게 마련입니다. 〈살바토르 문디〉의 가격이 야 5000억 원에 이른다는 사실은 이 작품이 얼마나 귀한 것이지 알려 줍니다.

물론 꼭 레오나르도 다빈치의 작품만큼 귀하지 않더라도 대부분의 자원은 인간의 욕망에 비해 그 숫자가 부족합니다. 당장 여러분이 가지고 싶은 것을 머릿속에 떠올려 보세요. 최신식 스마트폰, 맛있는 음식, 값비싼 옷 등 갖고 싶은 물건은 수도 없이 많지만 그것을 다 살 만큼 우리가 가진 돈은 충분하지 않습니다.

시간도 마찬가지입니다. 마음껏 쉴 수 있는 주말에 친구를 만나거나 영화를 보거나 부족한 잠을 자는 등 하고 싶은 일은 많지만 그 시간은 한정되어 있습니다.

이처럼 인간의 욕망은 무한하지만, 그 욕망을 충족할 시간이나 돈, 천연자원 등 대부분 자원은 사용하는 데 한계가 있고 부족합니다. 이러한 자원의 특성을 경제학에서는 '희소성'이라고 합니다.

누구나 살아가면서 이 희소성 때문에 수만 가지 '선택'을 해야 합니다. 자신에게 주어진 제한된 돈으로 스마트폰, 음식, 옷 등 무엇을 살지 선택해야 하고, 주말이라는 한정된 시간 동안 친구를 만날지, 영화를 볼지, 잠을 잘지 선택해야 하지요.

세상 모든 경제적 고민과 선택의 시작은 '희소성'입니다. 어느 누구도 자신이 원하는 모든 것을 전부 가질 수는 없기에 반드시 고민하고 선택하는 과정을 거쳐야 합니다.

〈살바토르 문디〉와 생수 한 병, 무엇을 선택할까?

〈살바토르 문디〉는 그 가격이 약 5000억 원에 이를 정도로 희소성이 높은 작품임을 살펴보았습니다. 그런데 이 작품의 희소성은 항상 높은 가치로 매겨지는 것일까요?

무인도에 가서 살아야 하는 상황이라고 상상해 봅시다. 이때 500원짜리 생수 한 병과 〈살바토르 문디〉 두 가지 중 하나를 골라 가져갈 수 있다면 어떤 물건을 선택할까요?

평범한 상황이라면 여러분은 당연히 〈살바토르 문디〉를 선택할 것입니다. 이 작품을 미술 시장에 팔면 당장 큰 부자가 될 수 있으니까요. 하지만 앞으로 무인도에서 살아야 한다면 5000억 원의 값어치가 있는 그림 한 점이 아닌, 500원짜리 생수 한 병을 선택하지 않을까요? 그림은 무인도에서 여러분을 살릴 수 없지만, 생수 한 병은 여러분을 살릴 수도 있으니 말입니다.

〈살바토르 문디〉는 일반적인 상황에서는 희소성이 매우 높지만, 어떤 장소에서는 생수 한 병보다 그 희소성이 낮을 수도 있습니다. 희소성은 상황이나 장소에 따라 변할 수 있습니다. 우리나라에서는 여름에 비싸게 팔리는 에어컨이 남극에 가면 쓸모없어지는 것처럼 말입니다.

희소성이 변하는 이유는 간단합니다. 희소성은 인간의 욕망과 비교해 상대적으로 자원이 부족한 정도를 나타냅니다. 상대적인 개념이기에 상황과 장소, 시대에 따라 변할 수 있지요.

석유는 과거 땅속에서 나는 쓸모가 없는 '검은 물'이라 불리며 '희소성'이 없는 자원으로 여겨졌습니다. 그러나 19세기 중반부터 각종 연료나 제품의 원료로 개발되면서 이야기가 달라졌습니다. 사람들이 석유를 원하는 양이 많아지면서 희소가치가 높은 자원이 된 것이죠.

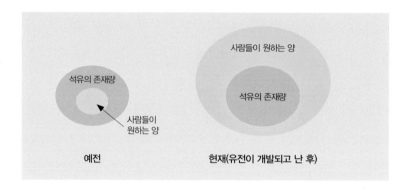

석유의 희소성이 높아지면서 그 가격이 크게 올랐고, 석유가 매장된 나라들은 그 덕분에 큰돈도 벌 수 있게 되었습니다. 석유가 아무 쓸모도 없는 '검은 물'이라고 일컬어지던 것은 이제 옛일이 되었이지요.

물과 공기에도 희소성이 있을까?

앞에서 자원의 대부분은 희소성을 가지고 있다고 이야기했습니다.

하지만 간혹 희소성이 전혀 없는 자원도 있습니다. 여러분이 당장 밖에 나가 마음껏 쐴 수 있는 햇빛이 대표적인 예입니다. 아무리 햇빛을 많이 받으며 산책을 한다고 해도 앞으로 쐴 수 있는 햇빛의 양이 줄어들지는 않으니까요. 이처럼 희소성이 전혀 없는 자원을 경제학에서는 '자유재'라고 합니다.

세상 대부분의 재화가 자유재라면 참 좋겠지만 불행히도 우리 주변에 자유재는 그다지 많지 않습니다. 석탄이나 석유, 나무 등 대부분의 자원은 쓰면 쓴 만큼 줄어들기에 그 값을 치르면서 써야 합니다. 이런 재화들은 모두 희소성이 있는 것들로서 '경제재'라고 합니다.

햇빛이 자유재라면, 공기는 어떨까요? 사실 공기도 과거에는 자유재였습니다. 사람들이 실컷 써도 그 양이 아주 많아서 얼마든지 자유롭게 쓸 수 있었습니다.

하지만 지금은 환경 오염이 진행되면서 맑은 공기뿐만 아니라 깨끗한 물도 희소성을 지닌 재화가 되었습니다. 슈퍼마켓에만 가 봐도 물이 병에 담겨 판매되고 있습니다. 맑은 공기를 마음껏 누릴 수 있던 것도 옛일이 되었고, 미세먼지가 가득한 날이 많아져 공기가 맑은 날이 예전보다 줄었습니다.

중국에서는 급속한 산업화로 도시의 공기가 극도로 오염되었는데, 캐나다 로키산맥의 맑은 공기를 담은 산소 캔이 불과 4일 만에 다 팔려 버린 일도 있었습니다. '자유재'이던 물과 공기는 시간이 흘러 환경 오염이 극심해지면서 희소성이 있는 '경제재'가 되었습니다.

희소성과 정의

'누구도 원하는 모든 것을 원하는 만큼 가질 수 없다.'

미국 대법관 올리버 웬들 홈스Oliver Wendell Holmes의 말입니다. 경제학자가 아닌 법관이 희소성을 언급한 일을 의외라고 생각할지도 모르겠습니다. 하지만 법관인 홈스가 한 말을 통해 희소성이라는 개념이 경제에서뿐만 아니라 정의나 법의 영역에서도 중요하다는 사실을 유추해 볼 수 있습니다.

만약 사람들이 자원의 희소성을 인정하지 않고, 누구나 원하는 것을 전부 가지겠다고 한다면 그런 사람들이 모인 사회나 국가는 갈등이 끊이지 않고, 사람들은 공동체를 위해 서로 협력하지도 않을 것입니다. 그래서 대부분의 사회에서는 누가 무엇을 얼마나 소유할 수 있는지, 가장 정의로운 분배가 어떤 것인지 따져 보고, 법을 만들어 갈등을 조정합니다.

예를 들어 세상에 하나밖에 없는 〈살바토르 문디〉를 어떤 사람이 소장할 수 있게 할 것인지, 무인도에 가는 사람에게 생수 한 병혹은 다른 어떤 것을 줄 것인지, 맑은 공기나 깨끗한 물을 돈을 지불한 사람에게만 제공할 것인지 등 우리가 살아가며 발생하는 선택의 문제는 바로 희소성에서 출발합니다. 그리고 이 문제는 자연스럽게 그 선택의 근거에 대해 질문하고 선택을 정당화하는 일로넘어갑니다. 합리적인 선택이 많이 이루어지는 사회일수록 그 사회의 구성원들은 더욱 살기 좋아질 것입니다.

그림 경매 시장에서 희소가치에 투자하는 사람들

이렇게 자원의 희소성을 이해하는 것은 경제학의 근본을 배우는 일이면서 우리 사회를 올바르게 유지해 나가는 방법을 고민하기 시작하는 일이라고 할 수 있습니다.

1. 인간에게 주어진 대부분의 자원(예: 돈, 시간, 천연자원 등)이 유한하다.
2. 인간의 욕망은 무한하다.
3. 무한한 인간의 욕망에 비해 자원의 존재량이 부족한 것을 자원의 희소성이라 한다.
4. 희소성이 있는 재화를 경제재라고 하고, 희소성이 없는 재화(예: 햇빛 등)를 자유재라고 한다. 맑은 공기나 깨끗한 물은 환경 오염으로 인해 자유재에서 경제재가 되었다.
5. 자원의 희소성은 상대적인 개념이므로 시대와 장소에 따라 변할 수 있다.

아이돌 콘서트 티켓은
왜 구하기 어려울까?

/ 희귀성과 희소성의 차이 /

지니는 평소 좋아하는 아이돌의 콘서트를 가려는 기대에 잔뜩 부풀어 있었다. 하지만 티켓 예매 사이트에 접속한 순간, 그 기대는 실망으로 변하고 말았다. 사이트에 예매창이 열리자마자, 단 몇 분 만에 티켓이 모두 팔리고 만 것이다.

지니　선생님, 이번에 A 그룹 콘서트에 가려고 했는데, 티켓이 몇 분 만에 매진되어 예매에 실패했어요. 인기가 많다 보니 콘서트 티켓이 정말 희귀하네요.

선생님　아, 그랬구나. 속상했겠다. 근데 티켓이 희귀하다는 말에는 동의하기 어렵겠는데?

지니　왜요? 희귀한 건 구하기 어렵고 귀한 거잖아요.

선생님　희귀하다는 건 절대적인 수량이 적다는 말이거든. 음, A 그룹이 아니라 선생님이 콘서트를 연다고 가정해 봐. 전체 좌석은 다섯 석이고. 이때도 티켓을 구하기 어려울까?

지니　음, 저야 선생님이랑 친하니까 의리로 가 드리겠지만, 나머지 좌석은 알 수가 없네요. 다섯 석이 전부니까 얼마 안 되긴 하지만요.

선생님　너의 답변이 쓸쓸하긴 하다만, 어쨌든 선생님 콘서트 티켓은 수량이 적으니 희귀한 것이 맞아. 하지만 아이돌 콘서트 좌석은 최소 몇천 석은 될 테니 희귀한 것과는 달라.

지니 아, 사실 1만 석이 넘어요. 그럼 이 경우 뭐라고 해야 할까요?

선생님 이 경우에는 희소하다는 말이 정확하단다. 제한된 티켓에 비해서 그걸 갖고 싶어 하는 사람이 훨씬 많으니까 말이야. 희소성은 가격에도 반영되니까 A 그룹의 콘서트 티켓 가격이 그만큼 비싼 거란다.

반면, 선생님의 콘서트 티켓은 희귀하기는 하지만 희소하지는 않아. 수량은 적지만 그걸 원하는 사람이 많지는 않기 때문이야. 희소성이 낮으니 선생님은 무료로 티켓을 나누어 주어야 간신히 콘서트를 열 수 있을지도 모르지.

지니 근데 희소하면서 희귀한 것도 있나요?

선생님 그럼. 그런 경우에는 그 값이 어마어마하게 뛸 수밖에 없지. 만약에 A 그룹이 단 한 명을 위한 콘서트를 연다면, 그 값이 얼마가 될지 상상해 볼 수 있겠니?

지니 와, 정말 어마어마하게 비쌀 것 같아요. 하지만 그런 콘서트가 열린다면 저는 제 전 재산을 쓸 수도 있어요.

선생님 하하. 그런 열정이 있는 만큼 다음에는 꼭 예매에 성공하길 바랄게.

세상에서 가장 인기 있는 그림, 〈모나리자〉

〈모나리자〉는 세계적으로 유명한 미술품 중 하나입니다. 지금도 프랑스의 루브르 박물관을 찾는 사람 중 85% 이상은 〈모나리자〉를 보기 위해 이곳에 온다고 합니다.

〈모나리자〉라는 이름에서 'Mona'는 결혼한 여성에게 붙이는 이탈리아어 호칭이고, 'Lisa'는 피렌체에 살던 돈 많은 상인 '조콘다Gioconda'라는 사람의 아내 이름입니다. 〈모나리자〉는 조콘다 부인의 초상화인 것이지요. 사실 〈모나리자〉는 많은 소문을 몰고 다니는 작품입니다. 모나리자의 눈썹이 없는 이유만 해도 당시 미인상이었다거나 그림을 복원하면서

〈모나리자〉, 레오나르도 다빈치, 1503~1505년경

〈모나리자〉 앞에 모인 관람객들

없어졌다는 등 여러 가지 소문이 있습니다. 모나리자를 둘러싼 가설이 1만 개가 넘을 정도로 이 그림은 여전히 뜨거운 관심을 끕니다.

　〈모나리자〉의 가격을 액수로 따지면 얼마가 될까요? 물론 이 그림은 판매하는 작품이 아닙니다. 프랑스의 국보이고, 루브르 박물관의 관람료를 벌어들이는 대표적인 작품인 만큼 그 가치는 엄청나겠지요. 굳이 이 그림의 가치를 따지자면 약 2조 5000억 원이 넘지 않을까 생각하는 전문가들이 많습니다. 루브르 박물관의 1년간 관람료 수입을 따져 간접적으로 이 그림의 가격을 계산하면 40조 원이 넘을 것이라는 의견도 있습니다.

얻는 것이 있으면
잃는 것이 있다

#루벤스의 〈파리스의 심판〉으로 본 기회비용

파리스, 황금 사과의 주인공을 선택하다

여러분이 진학이나 진로 등 미래에 영향을 줄 중대한 선택을 앞두고 있듯, 여기 인생을 바꿀 중요한 선택의 순간을 맞은 한 청년이 있습니다.

자신 앞에 선 세 여인을 바라보고 있는 청년을 그린 〈파리스의 심판The Judgement of Paris〉은 바로크 시대 화가 페테르 파울 루벤스Peter Paul Rubens의 작품입니다. 바로크란 17세기에 유행한 웅장하고 화려한 예술 양식을 말합니다. 베르사유 궁전의 건축 양식이나 비발디와 헨델의 음악이 대표적 사례입니다. 루벤스의 작품들 역시 매우 화려하고 자유분방하며 다채로운 아름다움을 보여 줍니다. 작품 속

〈파리스의 심판〉, 페테르 파울 루벤스, 1632~1635년경

여인들 역시 균형미보다는 한껏 풍만한 아름다움을 뽐내고 있지요.

루벤스의 〈파리스의 심판〉은 파리스라는 청년이 가장 아름다운 여신이 누구인지를 선택한다는 고대 그리스 신화의 한 장면을 담고 있습니다. 그런데 신도 아닌 인간이 어떻게 미美를 심판하게 된 것일까요?

파리스의 이야기는 바다의 여신 테티스의 결혼식까지 거슬러 올

〈**펠레우스와 테티스의 결혼** The Wedding of Peleus and Thetis〉, **코르넬리스 판 하를럼**Cornelis van Haarlem, **1593년**

라갑니다. 거의 모든 신이 이 결혼식에 초대되었는데, 불화의 여신 에리스만은 초대받지 못했습니다. 화가 난 에리스는 결혼식장에 '불화의 사과'를 두고 갔습니다. '가장 아름다운 여신에게'라고 쓰여 있는 황금 사과였지요.

여신들 사이에서는 과연 누구에게 이 사과를 주어야 할지 시비가 붙었습니다. 결혼과 가정의 수호 여신이자 제우스의 부인인 헤라, 지혜와 전쟁의 여신 아테나, 아름다움과 사랑의 여신 아프로디테가 각자 자신이 사과의 주인이라고 나섰습니다.

최고의 신 제우스는 '트로이Troy'라는 나라의 왕자 출신이었던 목동 파리스에게 사과의 주인을 가리는 심판을 맡기자고 제안합니다. 그러고는 전령의 신 헤르메스에게 세 여신을 파리스 앞으로 데리고 가라고 명령합니다.

이렇게 해서 〈파리스의 심판〉의 명장면이 탄생한 것입니다. 그리스·로마 신화 속 신을 그린 그림에는 대개 그 신이 누구인지 알아볼 수 있는 상징이 함께 나옵니다. 전령의 신 헤르메스는 날개 달린 모자를 쓰고 뒤편에서 심판 장면을 흥미롭게 지켜보고 있습니다. 전쟁의 여신 아테나는 왼쪽에 투구와 방패 옆에 서 있고, 가정의 수호 여신 헤라는 오른쪽에 공작새와 함께 서 있습니다. 아테나와 헤라 사이에는 아름다움과 사랑의 여신 아프로디테가 서 있습니다. 그녀의 발 뒤편에는 날개 달린 귀여운 아기, 그녀의 아들이자 사랑의 신 에로스가 앉아 있습니다. 한편 세 여신 앞에서 파리스는 자못 진지한 표정으로 불화의 원인이 된 황금 사과를 누군가에게 내밀고 있습니다.

세 여신은 각자 자신을 선택해 주는 조건으로 값진 것을 주겠다며 그를 유혹했습니다. 헤라는 부귀영화와 엄청난 권력을, 아테나는 전쟁에서의 승리와 명예를, 아프로디테는 세상에서 가장 아름다운 여인을 조건으로 내걸었습니다. 이제 파리스는 여신들의 아름다움을 판가름하는 정도의 고민을 하는 것이 아니라, 그의 인생에서 가장 원하는 것을 선택해야 할 순간에 놓이게 되었습니다.

경제적 선택의 대가, 기회비용

만약 여러분이 파리스였다면 어떤 선택을 했을까요? 부와 권력? 명예? 세상에서 가장 아름다운 여인? 그는 자신의 가치관에 따라 어느 것이든 자유롭게 선택할 수 있지만, 아쉽게도 세 가지를 동시에 가질 수는 없습니다.

앞서 살펴보았듯이 자원의 희소성 때문에 누구든 자신이 원하는 것 중 무언가를 반드시 '선택'해야 합니다. 이 말을 뒤집어 보면 원하는 것 중에 어떤 것은 선택하지 못하고 '포기'해야 한다는 뜻이 됩니다.

파리스가 헤라가 제안한 부귀영화와 권력을 선택한다면 다른 두 가지, 즉 명예와 아름다운 여인을 포기하게 됩니다. 다른 것을 선택할 때도 마찬가지고요. 이처럼 한 가지를 선택한다는 것은 다른 것을 포기한다는 뜻이 됩니다.

파리스처럼 인생을 건 중대한 선택을 하는 상황에 놓이는 경우는 드물지만, 누구나 매일 선택을 하며 살아갑니다. 중국집에 가서 메뉴를 고를 때도 짜장면과 짬뽕 둘 다 먹고 싶지만, 시간이나 돈과 같은 조건이 아주 여유로운 경우가 아니라면 둘 중 하나를 선택해야 합니다. 이런 사소한 순간도 일종의 경제적 선택의 순간입니다.

이때 얼큰한 국물이 있는 짬뽕을 먹는 것을 선택한다면 윤기가 도는 짜장면을 먹는 것을 포기하게 됩니다. 경제적 선택에서는 이렇게 어느 하나를 선택함에 따라 다른 것을 선택할 기회를 포기한 대가가 따릅니다. 이를 경제학에서는 '기회비용'이라고 합니다.

기회비용을 정의하자면 다음과 같습니다.

여러 대안들 중 하나의 대안을 선택할 때, 선택을 함으로써 포기하는 것들 중 가장 가치가 큰 것, 차선의 가치

다소 딱딱하게 보이지만 어려운 말은 아닙니다. 예를 들어 설명해 보겠습니다. 이번에는 짜장면, 짬뽕, 볶음밥 세 가지를 모두 먹고 싶지만 한 가지를 선택해야 한다면, 그때의 기회비용은 무엇일까요?

세 음식의 가격은 모두 같고, 각각을 선택할 때 얻어지는 만족감이 큰 것부터 순서대로 나열하면 짬뽕 〉 짜장면 〉 볶음밥이라고 가정해 봅시다. 일반적으로는 짬뽕을 선택하고 짜장면과 볶음밥을 포기할 것입니다. 한편 포기한 것 중 가장 큰 만족감을 주는 것은 짜장면입니다. 경제학에서 말하는 기회비용의 정의에 따르면, 짬뽕을 먹기로 선택할 때의 기회비용은 짜장면을 먹을 때 얻을 수 있는 만족감입니다.

기회비용의 계산

선택의 연속인 인생에서 가끔은 중요한 선택을 해야 할 때도 있습니다. 대학 진학이나 취업, 결혼, 이직 같은 문제 말입니다. 이런 선택은 시간과 돈이 많이 드는 일이기도 하고 앞으로의 인생을 결정하는 중요한 문제이기도 하지요.

기회비용은 여러분이 경제적 선택을 할 때 중요한 기준이 됩니다. 기회비용이 적게 발생하는 선택을 하는 것이 합리적이기 때문입니다. 이러한 점에서 경제학은 인생의 여러 선택 앞에서 더욱 합리적인 의사 결정을 내릴 수 있도록 도와주는 학문이라고 할 수 있습니다.

사례를 통해 기회비용을 계산하는 방법을 알아볼까요. 고등학교 3학년인 예서는 A 대학교에 진학할지, 아니면 B 기업에 취직할지를 두고 고민에 빠졌습니다. 부모님은 대학교에 가라고 권유하셨지만, 예서는 왠지 확신이 서지 않습니다. 그래서 대학 진학을 선택할 때 포기하는 것의 가치, 즉 대학 진학에 따른 기회비용을 알아보기로 했습니다.

〈예서가 A 대학교에 진학할 때 1년 동안 필요한 돈〉

등록금	1000만 원
교재비 및 기숙사비	500만 원

〈예서가 B 기업에 취업할 때 벌 수 있는 돈〉

연봉	2500만 원

A 대학교를 1년 동안 다니는 데는 등록금 1000만 원과 교재비 및 기숙사비 500만 원이 필요합니다. 졸업하기까지 4년이 걸린다고 할 때, 대학 진학에 따른 비용은 (1000＋500)×4, 즉 6000만 원입니다.

이 6000만 원이 기회비용의 전부일까요? 아닙니다. 경제학에서는 밖으로 드러난 비용뿐만 아니라 보이지 않게 간접적으로 포기한 비용에도 주목합니다. 예서가 대학에 진학할 때는 'B 기업에 취직했을 때 벌 수 있는 돈' 역시 포기해야 합니다. 연봉 2500만 원을 받을 수 있는 B 기업을 4년 동안 다닌다면 예서는 2500만 원×4, 즉 총 1억 원의 돈을 벌 수 있습니다.

경제학에서는 대학 진학에 드는 비용 6000만 원을 밝을 명明, 볼 시示라는 한자어를 써서 명시적明示的 비용이라고 합니다. 또 대학 진학으로 포기하는 수입 1억 원을, 보이지 않을 암暗, 잠잠할 묵黙을 써서 암묵적暗黙的 비용이라고 합니다. 경제학에서는 이 둘을 모두 더해서 기회비용을 계산합니다. 그렇다면 예서가 대학 진학을 선택하면서 발생하는 기회비용은 총 1억 6000만 원이 되는 것이지요.

이렇게 직접 계산해 보면 대학 진학으로 치르는 기회비용이 너무 크다고 생각할 수도 있습니다. 하지만 반대의 경우도 따져 봐야 합니다. 대학에 진학하면 4년 동안 다양한 지식을 얻는 것은 물론 사회생활에 도움이 될 인간관계를 다질 수도 있으며 학위를 받아 졸업 후 좀 더 나은 직장에서 일할 기회를 얻을 수도 있습니다. 이 덕분에 장기적으로 더 많은 연봉을 받게 된다면 대학 진학을 선택하는 것이 바람직하겠지요.

이처럼 기회비용을 계산할 때는 선택한 대안을 위해 추가되는 암묵적 비용도 포함해야 합니다. 이 점을 기억하면서 다른 사례를 통해 기회비용을 계산해 볼까요?

은우는 토요일 오전에 두 시간을 어떻게 보낼지 세 가지 대안을 생각해 보다가 고민 끝에 ①의 대안을 선택했습니다.

①조조 영화 보기	②아르바이트	③아버지 가게 일 돕기
− 5000원	+ 10000원(시간당)	+ 5000원(시간당)

우선 은우가 조조 영화를 볼 때의 명시적 비용은 5000원입니다. 암묵적 비용은 얼마일까요? 은우가 포기한 ②, ③번 중 더 큰 가치는 ②번입니다. 시간당 1만 원을 벌 수 있고, 두 시간 동안 일할 수 있었으므로 총 2만 원의 수입을 포기한 것이 됩니다.

따라서 은우가 ①을 선택한 것의 기회비용은 다음과 같습니다.

```
   명시적 비용: 조조 영화를 보는 데 드는 돈       5000원
+  암묵적 비용: ②번을 선택했을 때 벌 수 있는 돈   20000원
   ──────────────────────────────────────────────
   기회비용:                              = 25000원
```

파리스의 선택

다시 파리스의 이야기로 돌아가 봅시다. 파리스는 과연 어떤 선택을 했을까요? 파리스는 헤라나 아테나가 아닌, 아프로디테에게 황금 사과를 내밀었습니다. 자신이 받을 수 있는 부와 명예를 포기하고 아름다운 여인을 선택한 것이지요. 약속대로 아프로디테는 세상에서 가장 아름다운 여인 헬레네와 파리스를 맺어 주었습니다.

파리스의 선택은 이렇게 행복한 결말로 끝났을까요? 안타깝게도 그렇지 않았습니다. 헬레네는 이미 그리스 스파르타의 왕 메넬라오스의 부인이었습니다. 졸지에 아내를 뺏긴 메넬라오스는 형이자 그리스 미케네의 왕 아가멤논과 함께 그리스 연합군을 결성해 트로이로 쳐들어옵니다. (당시 그리스는 여러 개의 작은 나라로 이루어져 있었습니다.) 이것이 바로 '트로이 전쟁'의 시작입니다. 10년이나 계속된 전쟁은 트로이가 그리스에 패하며 막을 내렸습니다.

파리스는 자신이 중요하게 생각하는 가치에 따라 소신 있는 선택을 했을 것입니다. 하지만 선택의 결과는 너무나 가혹했지요. 트로이라는 나라의 운명이 좌지우지되었으니 말입니다.

루벤스는 왜 파리스의 선택을 그림에 담아냈을까요? 보는 이들에게 그만큼 선택이 중요하다는 점을 환기하려던 것은 아니었을까요.

1. 인간은 자원의 희소성 때문에 경제적 선택을 하게 된다. 이때 기회비용을 중요하게 고려한다.

2. 기회비용이란 여러 대안들 중 하나의 대안을 선택할 때, 선택을 함으로써 포기하는 것들 중 가장 가치가 큰 것, 즉 차선의 가치를 말한다.

3. 기회비용에는 명시적 비용과 암묵적 비용이 있다.

   • 명시적 비용: 눈에 보이는 비용. 어떤 선택으로 인해 현금 지출이 구체적으로 이루어진 비용.

   • 암묵적 비용: 눈에 보이지 않는 비용. 어떤 선택으로 인해 포기한 다른 기회가 줄 수 있었던 경제적 이득이나 만족감.

엎질러진 물은 주워 담지 말아야 한다?

/ 매몰비용 /

지니는 오랜만에 영화를 보러 갔다. 하지만 영화 시작 10분 만에 실망하고 말았다. 영화가 너무 지루했기 때문이다. 지니는 지금이라도 나가야 할지, 관람료 8000원이 아까우니 더 보아야 할지 고민이 되었다.

지니 선생님, 어제 지루한 영화를 끝까지 보느라 너무 피곤했어요.

선생님 그렇게 재미가 없었니? 그럼 그냥 나오지 그랬어?

지니 영화표를 8000원이나 주고 샀는걸요. 기회비용을 고려해서 경제적 선택을 한 거죠.

선생님 그게 과연 합리적인 선택이었을까? 네가 영화를 계속 볼지 말지 고민했을 땐 이미 8000원은 돌려받을 수 없었잖아. 경제학에서는 그런 비용을 '매몰비용'이라고 한단다.

지니 매몰비용이요?

선생님 그래. 매몰비용은 '엎질러진 물'과 같아. 다시 회수할 수 없으니까. 예를 들어 도박으로 이미 1000만 원을 날린 사람이 그 돈이 아까워서 본전을 되찾을 수 있을 때까지만 계속 도박을 하겠다고 결심한다면 경제학의 관점에서 볼 때 현명한 선택일까?

지니 　글쎄요. 그런 것 같지는 않네요.

선생님 　그래. 1000만 원은 회수할 수 없는 돈, 즉 매몰비용이기 때문이야. 흔히 '본전은 뽑아야지'라는 생각으로 매몰비용을 고려한 선택을 많이 하곤 해. 하지만 경제적 선택에서 고려해야 할 비용은 '기회비용'이지 '매몰비용'이 아니란다. 선택의 순간부터 필요한 돈이나 시간 등은 기회비용이지만, 일단 지출한 다음부터는 매몰비용이 되는 거야.

　　　다른 경우도 생각해 보자. 네가 8000원을 주고 산 영화표를 잃어버렸다면? 이 영화는 굉장히 재밌어서 영화를 볼 때 만족감을 금액으로 표시한다면 1만 원어치의 즐거움을 준다고 해 보자. 이때 영화표를 다시 사거나 아니면 영화 보기를 포기할 수 있겠지. 어떤 선택을 할 거니?

지니 　글쎄요. 그냥 영화를 보지 않을래요. 표를 다시 산다면 총 1만 6000원이나 쓰는 거잖아요.

선생님 　경제학에 따르면 '영화표를 다시 산다'를 선택해야 하지 않을까? 그때 고려할 것은 새로 살 영화푯값 8000원이야. 이미 잃어버린 푯값은 매몰비용으로 제외해야 하거든. 이때 영화푯값 8000원보다 영화로 얻는 즐거움이 2000원어치 더 크니까 표를 다시 사서 영화를 보면 된단다.

지니 　되돌릴 수 없는 비용이라면 잊으라는 거군요. 경제적 선택을 할 때 매몰비용이 있다면 고려하지 않아야겠네요.

「플랜더스의 개」에서 네로가
보고 싶어 했던 루벤스의 작품

「플랜더스의 개A Dog of Flanders」는 1872년에 발표된 영국 작가 위다Ouida의 소설입니다. 벨기에 플랜더스 지방을 배경으로, 할아버지 그리고 늙은 개 파트라슈와 함께 살아가는 소년 네로의 이야기를 담은 소설이지요. 이를 각색해 만든 일본 애니메이션이 우리나라에도 방영된 적이 있습니다.

화가를 꿈꾸던 가난한 소년 네로는 늘 성당에 걸려 있는 루벤스의 그림을 보고 싶어 했으나 그럴 수가 없었습니다. 이 그림을 보려면 돈을 내야 했기 때문입니다.

소설의 마지막에 이르러 할아버지가 돌아가신 후, 네로는 방화범으로 오해를 받고 집세도 내지 못해 집에서 쫓겨나기까지 합니다. 설상가상으로 미술 대회에 출품한 그림마저 공정하지 못한 심사로 떨어지자, 네로는 깊은 절망에 빠집니다. 결국 네로는 파트라슈와 함께 크리스마스에만 특별히 공개되는 루벤스의 그림을 보기 위해 성당에서 밤을 보내다가 한겨울 추위 속에서 죽음을 맞습니다.

네로는 죽기 직전 파트라슈에게 말합니다. "이 그림을 보았으니 죽어도 여한이 없어." 루벤스의 작품이 주는 큰 감동을 짐작해 볼 수 있습니다.

이 그림에는 십자가에서 죽음을 맞은 예수님이 사람들에 의해 내려지고 있는 장면이 담겨 있습니다. 예수의 죽음으로 사람들은 슬픔과 혼란에 잠겨 있습

〈십자가에서 내려지는 그리스도 Descent from the Cross〉, 페테르 파울 루벤스, 1611~1614년경

니다. 주위는 어둡다 못해 음산하지만, 예수의 육체만큼은 환하게 빛납니다. 죽음을 맞으면서도 권위 있고 의연한 모습입니다.

전격 분석! 결혼은 합리적인 선택일까?

#얀 반에이크의 〈조반니 아르놀피니와 그의 아내 초상〉으로 본 비용 – 편익 분석

결혼 증명사진, 〈조반니 아르놀피니와 그의 아내 초상〉

남녀 한 쌍이 화려하게 장식된 방에 서 있습니다. 남성은 다소 차가운 표정으로 여성에게 왼손을 내밀었습니다. 온화하고 수줍은 인상의 여성은 남성이 내민 손에 자신의 손을 살며시 포개어 놓았습니다. 두 사람은 지금 무엇을 하는 것일까요?

이는 15세기 플랑드르Flandre 미술을 대표하는 화가 얀 반에이크 Jan van Eyck의 작품 속 장면입니다. 플랑드르는 현재의 네덜란드와 벨기에의 일부 지역으로, 15세기 당시 북유럽 교역과 상업의 중심지였습니다. 그런 만큼 부유한 상인들이 많았고, 그들이 축적한 부를 바탕으로 예술도 크게 발전했습니다. 플랑드르 미술은 북유럽 미술의 중요한 전통이 되었습니다.

〈조반니 아르놀피니와 그의 아내 초상〉, 얀 반에이크, 1434년

얀 반에이크의 대표작 〈조반니 아르놀피니와 그의 아내 초상Por-trait of Giovanni Arnolfini and His Wife〉 속 남녀는 당시 플랑드르 지역에서 활동하던 상인이었던 조반니 아르놀피니Giovanni Arnolfini와 그의 부인 조반나 체나미Giovanna Cenami입니다. 자세히 살펴보면 조반니는 오른손을 들어 무언가를 선서하고 있습니다. 조반나 역시 남편의 손에 자기 손을 포개어 동의하는 모습이지요. 두 사람은 지금 결혼식(또는 약혼식이라고 보는 입장도 있습니다)이라는 인생의 중요한 순간을 맞고 있습니다.

두 사람의 옷차림새와 그들이 서 있는 방을 훑어볼까요. 검은색과 초록색의 재질이 고급스러워 보이는 옷, 침대의 붉은 장식, 멋들어진 샹들리에 등이 눈에 띕니다. 그들이 부유한 사람들임을 짐작하게 하지요. 더욱이 조반니 왼편에 보이는 오렌지는 당시 북부 유럽에서는 꽤 비싼 과일이라 쉽게 구하기도 어려운 것이었습니다.

세심하게 묘사된 그림 속 사물들은 단순한 소품이 아니라 각각 의미를 담고 있다고 합니다. 두 사람의 발치에 있는 강아지는 부부 간의 충직함, 정절을 의미합니다. 또 신랑과 신부의 신발은 그림의 왼쪽 귀퉁이와 뒤쪽에 벗겨져 있습니다. 기독교에 따르면 성스러운 장소에서는 신발을 벗는 것이 예의인데, 결혼을 하는 이 공간이 성스러운 곳이라는 의미입니다. 한편 그들 머리 위 멋들어진 샹들리에에는 오직 하나의 초에만 불이 켜져 있습니다. 하느님이 지켜보고 계신다는 의미라고 합니다.

가장 놀라운 소품은 뒤편 벽에 걸려 있는 볼록 거울입니다. 이 거

울의 위쪽에는 '나 얀 반에이크 여기에 있었다. 1434년Johannes de Eyck
fuit hic 1434'이라는 글자가 새겨져 있습니다. 이 문구는 얀 반에이크가
자신이 그린 그림임을 증명하기 위해 서명으로 남긴 것이라고 볼
수 있지요. 한편으로는 그가 이 결혼식의 증인임을 알린 것이라고
도 볼 수 있습니다.

문구 아래 볼록 거울을 보면 더 놀라운 장면이 숨어 있습니다. 거울 앞에 아르놀피니 부부의 뒷모습과 파란 옷과 붉은 옷을 입은 두 사람의 모습이 모두 비쳐 있습니다. 아주 세심한 묘사지요. 두 사람은 화가와 또 다른 증인입니다. 당시 결혼하는 데는 두 명의 증인이 필요했습니다. 이 볼록 거울 양옆에 걸린 묵주와 먼지떨이 솔 또한 그 당시 인기 있던 결혼 선물이었습니다. 반에이크는 작품 속에 결혼에 관련된 상징물을 빠짐없이 집어넣었던 것입니다.

그렇다면 아르놀피니 부부가 결혼식의 모습을 반에이크의 그림으로 남겨 둔 이유는 무엇일까요? 당시 결혼한다는 것은 두 가문의 결합을 의미하는 중요한 계약을 맺는 것이었습니다. 은행가인 아르놀피니와 부유한 집안의 딸인 조반나의 결합 또한 마찬가지였습니다. 그들의 결혼은 서로의 가문에 사회·경제적 이득을 가져다주는 계약이었지요. 당시에는 이 계약이 깨지지 않도록 하려고 결혼할 때 일부러 현금이나 예물을 담보로 주고받기도 했습니다. 결혼식 모습을 담은 그림 역시 그들이 결혼했다는 사실을 확고하게 증명하기 위한, 일종의 증명사진인 셈이었습니다.

결혼은 손해 보는 장사? — 결혼의 편익과 비용

결혼하는 것도 인생의 중요한 선택입니다. 〈조반니 아르놀피니와 그의 아내 초상〉 역시 이런 시선으로 본다면 선택의 순간을 담은

〈프러포즈The Proposal〉, 윌리앙 아돌프 부그로William-Adolphe Bouguereau, 1872년
한 남성이 여성에게 프러포즈를 하고 있다. 화려한 옷차림에 부유해 보이는 여성은
왠지 심드렁한 표정이다. 그녀는 과연 결혼이라는 선택을 했을까?

그림이지요. 아르놀피니 부부가 결혼하고 반에이크가 이 그림을 남길 때는 결혼이 비교적 당연한 선택이었습니다. 특히 당시에는 '누구와 결혼하느냐'가 가장 중요한 문제였습니다. 누구와 결혼하느냐에 따라 개인과 가문의 사회적 지위와 권력이 달라질 수도 있었기 때문입니다.

우리가 사는 현대에도 '누구와 결혼하느냐'는 아주 중요한 문제입니다. 그러나 그 선택 이전에 다른 선택 사항이 있습니다. 바로 '결혼을 하느냐, 하지 않느냐'의 문제입니다. 최근에는 미혼未婚이라는 말—결혼을 아직 하지 않았다는 말—대신 비혼非婚이라는 말—결혼을 하지 않는다는 말—을 사용하자는 주장이 대두되고, 결혼을 선택하지 않은 사람들도 많습니다. 연애, 결혼, 출산 자체를 포기하는 사람들도 늘어나고 있지요. 왜 이런 현상이 생기는 것일까요?

'결혼은 사랑의 결실'이라는 생각을 조금 미뤄 두고, 경제학의 시선으로 결혼을 살펴볼까요. 그러면 결혼을 꺼리는 현상이 일어나는 이유를 나름대로 찾을 수 있을지 모릅니다.

모든 선택에는 항상 양면이 있습니다. 일단 선택을 통해 얻는 장점이 있습니다. 이것을 경제학에서는 편할 편便, 더할 익益의 한자를 써서 '편익'이라고 부릅니다. '효용'이라는 이름으로 부르기도 하지요. 결혼을 경제적 선택이라고 보았을 때 이를 통해 우리가 얻을 수 있는 편익은 무엇일까요?

결혼의 가장 큰 편익으로 일반적으로 이야기하는 것이 정신적인 안정감입니다. 혼자 살 때의 외로움을 덜 느끼고 사랑하는 배우자와 함께 안정적인 삶을 누릴 수 있습니다. 또한 결혼하여 가족을 이루게 되면 내가 어려운 일을 당할 때, 또는 나이가 너무 많아져서 누군가의 보살핌이 필요할 때 배우자나 자녀가 나를 도와줄 수도 있습니다. 이것을 '결혼의 보험 효과'라고 부르기도 합니다.

두 사람이 각각 따로 살아갈 때 들어가는 비용보다 함께 살아가는 비용이 적게 들어 그만큼 생활비를 절약하는 효과도 생길 수 있습니다. 예를 들어 여성과 남성이 혼자 살 경우에는 주거비, 식비, 전기세 등이 따로 나가므로 두 배의 생활비가 듭니다. 하지만 두 명이 함께 결혼하여 산다면 식자재도 한꺼번에 사서 요리할 수 있고, 주거비나 전기세 등도 한집에 사니까 줄어듭니다. 이처럼 생활비를 아끼고, 이렇게 아낀 돈을 모아 저축액도 늘려 나갈 수 있습니다.

그렇다면 결혼에는 편익만 있을까요? 그렇지는 않습니다. 결혼을 선택하는 데 따른 '비용'도 분명히 있습니다. 일단 결혼식을 치르고 함께 살아가는 준비를 할 때 들어가는 돈이 만만치 않습니다. 한 결혼 정보 회사에서 2017년 1000쌍의 우리나라 신혼부부들을 대상으로 결혼에 들어가는 비용에 대한 설문 조사를 했는데, 평균적으로 한 커플이 결혼에 쓰는 돈은 총 2억 원이 훌쩍 넘는다는 통계가 나왔습니다. 신혼집 마련에 드는 돈이 가장 많이 들어 평균 1억 6000만 원에 이르렀고, 그 외 결혼식과 예물, 신혼여행 등에도 평균 6000만 원이 넘는 돈이 들어갔다고 하네요.

만약 결혼한 후 아기를 낳고 기른다면 양육비나 교육비 등이 만

만치 않습니다. 대한민국에서 아이를 낳고 대학 졸업 때까지 키우는 데 들어가는 양육비가 자녀 한 명당 평균 총 2억 6000만 원가량이라는 조사 결과도 있었습니다. 참으로 부담스러운 금액이지요. 게다가 아이를 낳고 기르면서 여성들의 경우 사회 활동을 포기하기도 하는데, 이 때문에 발생하는 기회비용도 큽니다. 이렇듯 결혼과 출산에 따른 경제적 비용이 늘어나면서 가족 부양에 대한 정신적 부담도 커집니다.

결혼할 경우 혼자 살 때 느낄 수 있는 정신적 자유로움도 일정 부분 포기해야 합니다. 독신으로 살 때는 혼자라서 행동에 제약이 많지 않지만, 결혼하고 나서는 가족을 배려해 자신의 자유를 일부 포기해야 하는 경우가 생기니까요. 또한 가정을 꾸리면서 자기 계발을 할 시간이 줄어들기도 합니다. 만약 정신적인 부분에서 만족감을 느끼지 못한다면 이 역시 기회비용으로 볼 수 있겠지요.

결혼에 따르는 편익과 비용을 살펴봤습니다. 여러분이 경제적인 사고를 하는 인간이라면 어떤 상황에서 결혼을 선택할까요? 답은 간단합니다. '결혼으로 인해 얻는 만족감(편익, 효용)이 결혼하면서 잃는 비용보다 클 때' 사람들은 결혼을 선택합니다. 즉 결혼하면서 생기는 만족이 결혼을 선택하면서 포기한 것의 가치보다 커야 사람들은 부부가 된다는 것이지요.

결혼으로 잃는 비용은 뒤집어 보면 독신으로 살 때 얻는 편익입니다. 이런 논리에 따르면 최근 결혼을 선택하지 않는 사람들이 늘어나는 이유도 간단히 설명할 수 있습니다. 노벨 경제학상 수상자

혼자 살거나 결혼을 하거나 서로 다른 집안 살림

게리 베커Gary Becker는 비용과 편익을 비교하는 과정으로 결혼이라는 선택을 설명했습니다. 사람들은 다음과 같은 기대가 되는 상황에서만 결혼을 선택합니다.

결혼을 통해 얻는 만족(편익) > 독신으로 살아갈 때 얻는 만족(편익)

그런데 최근에는 결혼을 선택하는 데 따른 비용은 점점 늘어나는데, 반대로 편익은 점점 줄어들고 있습니다. 예를 들어 두 명 이상의 가족이 살아가는 데 필요한 아파트나 주택 등의 주거 공간은 점점 비싸지고 있습니다. 또 자녀를 낳는 경우 양육비와 교육비에 대한 부담이 점점 커지고 있습니다. 또한 최근 1인 가구를 위한 주거 공간, 음식점, 식자재 등이 늘어나면서 예전만큼 혼자 사는 데 돈이 많이 들어가지 않습니다. 결혼을 한다고 해서 독신보다 생활비를 크게 절약할 수 있는 것이 아니지요. 결국 예전보다 결혼을 통해 얻는 만족이 클 것이라는 기대가 줄어들었습니다.

게리 베커는 이런 관점에서 '사람들이 더 많이 결혼하게 하는 방법'도 제안했습니다. 결혼을 통해 얻는 만족(편익, 효용)을 늘려 주고, 결혼으로 나가는 비용을 줄여 주는 정책을 펴면 된다는 것입니다. 결혼하여 두 사람 이상이 사는 가구에 세금을 줄여 준다거나 저렴한 가격에 주거 공간을 제공해 주는 정책 등이 그 예입니다. 자녀 양육이나 교육에 들어가는 비용을 줄여 주는 정책도 중요하겠지요. 이런 정책들이 효과를 보게 되면, 생활비를 절약하는 등 결혼을 통해 얻는 편익은 증가하고 결혼에 따른 비용이 감소하면서 더 많은 사람이 결혼을 선택하게 됩니다.

우리는 매일 비용-편익 분석을 한다

비용-편익 분석은 일상생활에서 종종 이루어집니다. 여러분은 상점에서 물건을 살 때, 먹고 싶은 음식을 골라 외식을 할 때, 휴식 시간을 어떻게 쓸까 고민할 때마다 비용-편익 분석을 합니다.

출출한 아침 등굣길에 편의점에 들렀다고 가정해 봅시다. 눈앞에 샌드위치, 삼각김밥, 소시지 세 가지 간식 후보가 있습니다. 세 가지를 모두 사 먹고 싶지만, 내가 가진 돈은 1500원뿐입니다. 그렇다면 한 가지를 선택해야겠지요. 이때 자연스럽게 비용-편익 분석을 하게 됩니다.

먼저, 세 가지 대안의 가격, 즉 그것을 사는 데 필요한 비용이 모두 같다면 어떨까요? 세 음식이 여러분에게 주는 만족감, 즉 편익을 비교하면 되겠지요.

	샌드위치	삼각김밥	소시지
비용	1000원	1000원	1000원
편익	2000원	1500원	800원

위 상황에서는 가장 큰 만족감을 주는 샌드위치를 선택하겠지

요. 즉, 우리는 어떤 선택으로 잃는 비용이 같을 때 편익을 최대화할 수 있는 선택을 합니다.

그다음으로, 세 음식이 똑같은 크기의 만족감을 줄 때 각각의 가격이 다르다면 어떤 선택을 할까요?

	샌드위치	삼각김밥	소시지
비용	1200원	1000원	800원
편익	1500원	1500원	1500원

위 상황에서는 비용을 가장 아낄 수 있는 소시지를 선택하면 됩니다. 즉, 우리는 어떤 선택으로 얻는 편익이 같다면 비용을 최소화할 수 있는 선택을 합니다.

그렇지만 현실에서는 이처럼 간단하게 선택이 이루어지기 어렵습니다. 현실에서는 모든 상품마다 편익과 비용이 제각각인 경우가 많습니다.

	샌드위치	삼각김밥	소시지
비용	1200원	1100원	1000원
편익	1400원	1500원	800원

위의 경우라면 무엇을 선택하게 될까요? 일단 소시지를 선택하면 편익보다 비용이 많이 들어서 합리적인 선택이라고 보기 어렵습니다. 결국 최종 후보로 샌드위치와 삼각김밥을 놓고 고민하게

되겠지요. 경제학에서는 '편익을 최대화하고 비용을 최소화하는 선택'을 하라고 이야기합니다. 위의 경우에는 삼각김밥이 샌드위치보다 편익이 높고 비용은 적습니다. 따라서 일반적인 경우라면 삼각김밥을 집어 들게 될 것입니다.

합리적 인간의 조건

아르놀피니 부부의 결혼식에서 시작해 경제학에서 보는 선택의 기준을 이야기했습니다. 경제학에서는 인간을 합리적 존재로 여겨 '최소 비용으로 최대 효과를 낼 수 있는 것을 선택한다'고 주장합니다. 합리적 인간은 물건의 구매에서부터 여행, 진학, 취업, 결혼 같은 선택의 갈림길에서 가장 큰 만족을 주면서 가장 작은 희생(비용)을 치르는 선택을 한다는 것입니다. 기업 역시 마찬가지입니다. 가장 적은 비용을 들여서 가장 큰 이윤을 낼 수 있는 생산품과 생산 방법을 택합니다. 이처럼 가장 적은 비용으로 가장 큰 만족을 내려고 하는 특성을 효율성이라고 합니다. 이 효율성을 충족시키는 선택을 경제학에서는 합리적 선택이라고 하지요.

여러분이 어려운 선택을 해야 해서 마음속으로 갈팡질팡할 때 비용-편익 분석표를 한번 작성해 보는 것은 어떨까요? 작성하다 보면 선택으로 얻을 수 있는 것과 포기해야 할 것이 명확히 보이고, 덕분에 가장 합리적인 선택을 할 수 있지 않을까요?

1. 경제적 선택을 할 때는 편익과 비용이 발생한다.
   • 편익: 선택을 하는 대가로 얻는 경제적 이득이나 만족감.
   • 비용: 어떤 선택을 하는 데 드는 돈이나 시간, 자원 등의 손실.
2. 합리적 선택의 조건은 다음과 같다.
   • 편익 > 비용(기회비용): 선택에 따른 만족이 포기한 것의 가치보다 커야 함.
   • 같은 비용이 들 경우에는 편익을 최대화해야 하고, 편익이 같은 경우에는 비용을 최소화해야 함.
3. 합리적 선택이란 최소 비용으로 최대의 효과를 낼 수 있는 효율성을 추구하는 것이다.

양심 우산 제도가
사라진 이유는?

지니는 학교에서 양심 우산 제도가 갑자기 없어진 것을 알았다. 비 오는 날 미처 우산을 준비하지 못했을 때 우산을 사용하고 자율적으로 반납하는 편리한 제도였다. 하지만 우산을 반납하는 사람이 적어 결국 없어진 것이다.

지니 선생님, 우산을 가져간 아이들 입장에서 생각해 보면 반납하지 않고 본인이 그걸 계속 가지고 있는 것이 합리적인 선택 아니었을까요? 무료로 우산을 계속 사용할 수 있는 편익을 얻었잖아요.

선생님 맞아. 개인의 입장에서는 우산을 가져가는 것이 합리적인 선택이었을 수도 있지. 이게 바로 합리적 선택이 지니는 한계야.

지니 합리적 선택인데도 한계가 있나요?

선생님 그럴 수 있지. 개인의 입장에서 합리적 선택은 비용과 편익을 따져 이루어지는 것이지. 하지만 인간은 함께 사회를 이루고 살아가는 존재잖아. 개인의 합리적 선택이 사회적으로 항상 바람직한 결과를 가져온다고 볼 수는 없지.

지니 아, 공중화장실의 화장지가 종종 부족한 것도 비슷한 현상 같아요. 공짜인 화장지를 되도록 많이 쓰는 것이 개인에게는 합리적이지만, 사회 전체로 보면 바람직하지 않으니까요.

선생님   맞아. 이런 현상을 경제학에서는 '공유지의 비극'에 빗대어 설명
한단다. 가축을 길러 생계를 유지하는 한 마을에 목초가 자라는
공유지가 있다고 가정해 보자. 사람들은 서로 더 많은 이익을 얻
으려고 자신의 양이나 소를 마구잡이로 데리고 올 거야. 이 가축
들이 초원에 있는 풀을 모두 뜯어 먹는다면 결국 어떻게 될까?

지니   초원은 황무지가 되어 버리고 누구도 가축을 기를 수 없게 되지
않을까요?

선생님   맞아. 개인의 합리적 선택이 사회적으로 바람직한 결과만을 가져
오지는 않는다는 것을 알려 주는 이야기지.

지니   그렇다면 공유지의 비극을 어떻게 해결할 수 있을까요?

선생님   경제학자들은 모든 자원에 '소유권'을 설정해 놓는 것이 가장 바
람직하다고 말해. 말하자면 공유지를 나누어 개인에게 소유권을
주자는 것이지. 그러면 사람들은 자기 소유지니까 함부로 가축을
풀지 않고 아껴서 사용하게 되지. 하지만 모든 상황에서 자원을
쪼개 소유권을 준다는 것은 쉽지 않은 일이지. 가장 이상적인 해
결 방법은 지나친 사익 추구가 공공의 이익을 해칠 수도 있다는
점을 잊지 않는 거야.

지니   공공의 이익을 생각하고 배려하는 태도가 중요하군요.

얀 반에이크,
유화 물감으로 그림을 그리기 시작하다

얀 반에이크는 훌륭한 작품을 남긴 화가로도 유명하지만, 유화 물감을 개발하여 그림을 그린 인물로도 유명합니다. 유화 물감은 기름으로 갠 물감을 말합니다. 이전까지 화가 대부분은 여러 식물이나 광물에서 색채 가루를 뽑아내 달걀노른자와 벌꿀 등을 섞어 물감을 만들었습니다. 이렇게 만든 물감으로 그린 그림을 '템페라화'라고 하는데, 템페라화는 물감이 너무 빨리 말라 작품을 수정하며 완성하는 데 어려움이 있었습니다.

템페라 기법으로 그려진 〈비너스의 탄생The Birth of Venus〉, 산드로 보티첼리Sandro Botticelli, 1483~1485년

유화 기법으로 그려진 〈터번을 쓴 남자
Portrait of a Man in a Red Turban〉,
얀 반에이크, 1433년

　이러한 불편함 때문에 얀 반에이크는 유화 물감을 개선하여 그림을 그렸습니다. 흔히 얀 반에이크가 유화 물감을 발명했다고도 하는데 이것은 사실이 아닙니다. 유화는 이미 존재하고 있었지만 널리 쓰이는 기법은 아니었습니다. 그는 플랑드르의 아마인유라는 질 좋은 기름을 섞어 유화 물감을 개선하고 이것으로 그림을 그리는 기법을 발달시켰습니다.

　특히 얀 반에이크는 반투명한 물감을 여러 번 덧칠해서 다양한 색채를 표현했습니다. 불투명하고 어두운 색채도 표현할 수 있었고, 세밀하고 정교한 묘사도 할 수 있었지요. 덕분에 〈조반니 아르놀피니와 그의 아내 초상〉에서 부부가 입은 옷과 바닥에 깔린 카펫의 고급스러운 질감, 강아지의 털 등을 아주 자세하게 묘사할 수 있었습니다. 얀 반에이크 이후 유화는 전 유럽에 널리 퍼져 대표적인 서양 미술의 형태로 자리 잡게 되었습니다.

2

시장에서 만나는
경제학

가격이 만들어지는
마법의 순간

#질베르의 〈야채 시장〉으로 본 시장 가격의 형성

19세기 파리의 생활상을 담은 〈야채 시장〉

파리의 한 거리에 시장이 열렸나 봅니다. 노점상의 상인들이 채소를 수북이 쌓아 놓고 손님들을 기다립니다. 장을 보러 온 손님들은 저마다 분주해 보입니다. 시장 한복판에 아이 손을 이끌고 장을 보러 온 여인이 있습니다. 엄마 손을 잡고 선 아이는 채소를 파는 할아버지를 물끄러미 바라봅니다. 다른 쪽에는 장바구니를 든 젊은 여성이 상인과 흥정을 하려는지 한 손에 채소를 들고 있습니다. 채소를 다듬고 있는 상인은 손님이 제시한 가격이 마음에 들지 않는지 표정이 조금 뚱합니다. 시장을 배경으로 다양한 사람들의 모습을 생생하게 담아낸 이 그림은 빅토르 가브리엘 질베르Victor Gabriel Gilbert의 〈야채 시장Market with Vegetables〉이라는 작품입니다.

〈야채 시장〉, 빅토르 가브리엘 질베르, 1878년

프랑스의 화가 빅토르 가브리엘 질베르는 시장을 소재로 많은 그림을 그렸습니다. 꽃 시장과 어시장, 야채 시장을 배경으로 주로 상인과 여성, 아이들을 눈앞에서 보듯 생생하고 사실적으로 표현했습니다.

〈야채 시장〉에 그려진 손님과 상인의 모습은 오늘날 시장에서 볼 수 있는 이들의 모습과 닮았습니다. 손님은 대개 낮은 가격에 상품을 사고자 하고, 상인은 높은 가격에 물건을 팔고자 하는 것이죠. 이 둘이 원하는 가격은 쉽게 맞아떨어지기가 어려운데, 이렇게 보면

〈야채 시장〉 속 여성 상인의 표정이 다소 뚱한 이유도 대충 짐작이 갑니다.

하지만 여전히 거래의 가능성은 남아 있습니다. 처음에는 양쪽이 제시하는 가격이 달라도 흥정을 하다 보면 같은 가격에 합의를 볼 수도 있습니다.

이러한 가격 합의 과정은 시장에서 손님과 상인 간에만 이루어지는 것은 아닙니다. 수많은 수요자와 공급자가 참여하는 시장 전체에서도 여러 가격 합의 과정이 진행됩니다. 그 결과 상품은 그것을 가장 원하는 소비자에게 배분되고 그 대가는 생산자에게 돌아갑니다. 이 과정은 누군가의 힘에 의해서가 아니라 시장에서 자연스럽게 이루어집니다. 어떻게 보면 마법과 같은 일이 시장에서 벌어지는 것이지요.

손님과 상인은 어떻게 합의할 수 있을까

우선 〈야채 시장〉 속 손님과 상인은 어떤 방법으로 합의에 이르고 거래를 성사시킬 수 있을까요? 각각의 입장을 살펴보면 이 거래의 과정을 짐작할 수 있겠지요.

1) 손님의 수요량과 수요 곡선
먼저 손님의 입장을 살펴봅시다. 손님은 대가(돈)를 치르고 상품을 사려는 욕구를 가지고 시장에 왔습니다. 경제학에서는 이와 같은 욕구를 '수요需要'라고 합니다. 만약 손님이 돈 한 푼 없이 상품을 사고 싶은 마음만 있다면, 그것을 수요라고 부를 수 있을까요? 아닙니다. 경제학에서 말하는 수요는 추상적으로 '무언가를 사고 싶어 하는 욕구'가 아니라 '실제 구매력이 뒷받침된 욕구'를 말합니다.

시장의 수요자인 손님은 양배추의 가격에 따라 사고자 하는 양배추의 개수를 정할 것입니다.

- 양배추 가격이 0원일 때: 공짜다! 최대 20개까지는 사 가야겠다.
- 양배추 가격이 1000원일 때: 정말 싸다! 15개 정도는 충분히 살 수 있겠다.
- 양배추 가격이 2000원일 때: 아직은 가격이 괜찮군. 10개 정도 사 먹을 수 있겠어.
- 양배추 가격이 3000원일 때: 조금 비싸네. 하지만 5개 정도는 사 갈 수 있겠다.
- 양배추 가격이 4000원일 때: 너무 비싸. 사지 말아야겠다.

이렇듯 특정 가격에서 수요자가 사고 싶어 하는 구체적인 상품의 양을 수요량이라고 합니다. 물론 같은 가격이라도 개인의 필요와 욕구에 따라 상품의 수요량이 다를 수 있습니다. 예를 들어 양배추를 더 많이 요리해 먹는 사람일수록 같은 가격이라면 더 많은 양배추를 사겠지요. 하지만 일반적으로 가격이 낮을수록 양배추를 더 많이 사고 싶어 하여 수요량이 늘어나고, 가격이 높을수록 양배추를 더 적게 사고 싶어 하여 수요량이 줄어든다는 것을 알 수 있습니다.

가격에 따라 달라지는 손님의 양배추 수요량을 표로 나타내면 다음과 같습니다.

가격	손님이 원하는 수요량
0원	20개
1000원	15개
2000원	10개
3000원	5개
4000원	0개

이 표를 그래프로 나타낼 수도 있습니다. 먼저 그래프의 가로축에는 수요량을, 세로축에는 가격을 표시합니다. 각각에 해당하는 점을 찾아 이어 보면 가격과 수요량의 관계를 나타내는 그래프가 나타납니다. 이 그래프를 수요 곡선이라고 합니다. (실제 상황에서는 수요자가 가격에 따라 일정한 비율로 수요량을 줄이거나 늘리지 않기 때문에 그래프는 대부분 구부러진 곡선으로 나타납니다. 설명의 편의를 위해 일정 비율로 수요량이 변하는 예시를 들었고, 이 때문에 그래프가 직선으로 나타나는 것입니다.) 대개 상품의 값이 비싸지면 수요자들은 이 상품을 덜 사려고 합니다.

따라서 수요 곡선은 오른쪽으로 갈수록 아래로 내려가는, 즉 음(-)의 기울기를 가진 그래프가 되는 것이지요.

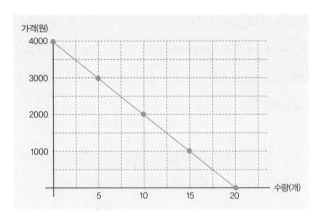

2) 상인의 수요량과 수요 곡선

한편 상인은 상품을 팔려고 하는 욕구를 가지고 있는데, 이와 같은 욕구를 '공급供給'이라고 하고, 공급을 하는 사람을 공급자라고 합니다. 공급자인 상인은 양배추를 더 비싼 값에 더 많이 팔고 싶어 합니다.

- 양배추 가격이 0원일 때: 양배추를 공짜로 줄 수 없지. 팔지 말아야지.
- 양배추 가격이 1000원일 때: 가격이 너무 낮아. 팔아도 이윤이 그리 많이 남지는 않으니 정말 조금만 팔아야겠다. 5개만 줘야겠어.
- 양배추 가격이 2000원일 때: 이 정도면 어느 정도 이윤을 남길 수 있겠군. 10개 정도 팔면 되겠다.
- 양배추 가격이 3000원일 때: 가격이 아주 마음에 드는걸. 15개 정도 팔면 좋겠어.

• 양배추 가격이 4000원일 때: 가격이 높으니 많이 팔수록 좋겠군. 20개 정도 팔면 정말 좋겠다.

이렇듯 특정 가격에서 공급자가 팔고 싶어 하는 구체적인 상품의 양을 공급량이라고 합니다. 물론 상품은 상인에 따라 공급량이 다를 수 있습니다. 예를 들어 양배추를 적은 비용으로 많이 재배해 시장에 내다 파는 상인이라면 같은 가격이라도 더 많은 양배추를 팔 수 있을 것입니다. 이런 사소한 차이가 있지만, 대부분의 공급자는 가격이 높을수록 공급량을 늘리려고 합니다.

가격에 따라 달라지는 양배추의 공급량은 다음과 같습니다.

가격	상인이 원하는 공급량
0원	0개
1000원	5개
2000원	10개
3000원	15개
4000원	20개

표를 그래프로 나타내 봅시다. 가격을 세로축에, 공급량을 가로축에 나타내어 해당하는 값에 점을 찍은 다음, 점을 이어 봅니다.

가격과 공급량의 관계를 나타내는 이 그래프를 공급 곡선이라고 합니다. 대개 상품의 값이 비싸지면 공급자들은 상품을 더 많이 팔려고 합니다. 그래야 더 많은 이윤을 남길 수 있기 때문입니다.

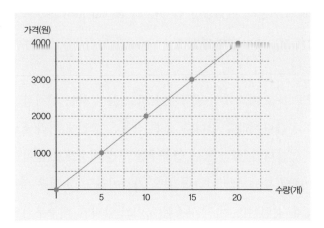

이 때문에 공급 곡선은 오른쪽으로 갈수록 위로 올라가는, 즉 양(+)의 기울기를 가진 그래프가 되는 것이지요.

3) 손님과 상인의 합의점

이제 손님과 상인의 입장을 함께 생각해 봅시다. 두 사람은 각각의 가격에서 서로 다른 공급량과 수요량을 보이는 듯하지만 합의할 수 있는 가격이 있습니다.

가격	손님이 원하는 수요량	상인이 원하는 공급량
0원	20개	0개
1000원	15개	5개
2000원	10개	10개
3000원	5개	15개
4000원	0개	20개

양배추가 2000원일 때 두 사람의 수요량과 공급량이 모두 10개이므로, 두 사람은 이 가격에서 합의할 것입니다.

그래프로도 살펴볼까요? 손님의 수요 곡선과 상인의 공급 곡선을 합쳐 보면 두 곡선은 2000원이면서 10개를 나타내는 한 점에서 서로 만납니다. 이 점이 바로 손님과 상인의 합의한 가격과 거래량을 보여 줍니다.

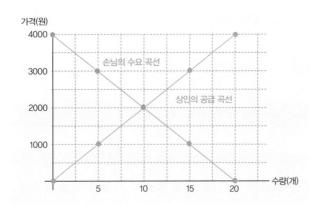

수요 법칙과 공급 법칙

이제 개인 간의 거래를 벗어나서 좀 더 시야를 넓혀 봅시다. 한 사회를 포함하는 시장 전체를 대상으로 하여 이곳에서 양배추를 사고팔기를 원하는 모든 사람을 고려해 보고자 합니다. 이때 상인과 손님의 숫자는 매우 많아서 한 사람이나 소수가 가격을 결정할 힘을 가지지 않고, 모든 사람이 시장에서 다수에 의해 정해진 가격을 그대로 받아들인다고 가정합니다.

먼저 시장에서 양배추를 사기 원하는 손님 각각의 수요량을 더해 전체 수요량을 조사해 봅니다. 이를 다음과 같은 표와 그래프로 나타낼 수 있습니다.

	시장 전체 수요량
1000원	20만 개
2000원	15만 개
3000원	10만 개
4000원	5만 개

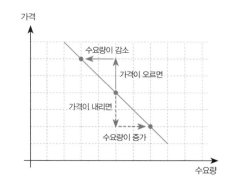

그래프에서 볼 수 있듯 일반적으로 시장에서는 상품의 가격이 내려갈수록 수요량이 늘어나고, 가격이 올라갈수록 수요량은 줄어듭니다. 이를 수요 법칙이라고 합니다.

이번에는 시장에서 양배추를 팔기 원하는 상인 각각의 공급량을 모두 더해 전체 공급량을 조사해 봅니다. 양배추는 원래 상하기 쉬운 농산물이라 빨리 팔아야 해서 공급량 조절이 어려운 편입니다. 그러나 이 경우에는 양배추 저장 기술이 늘어 공급량 조절이 비교적 쉽다고 가정하겠습니다.

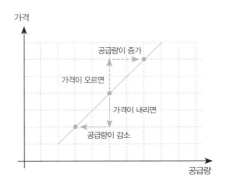

	시장 전체 공급량
1000원	10만 개
2000원	15만 개
3000원	20만 개
4000원	25만 개

일반적으로 시장에서는 상품의 가격이 올라갈수록 공급량은 늘어나고, 가격이 내려갈수록 공급량은 줄어드는데, 이를 공급 법칙이라고 합니다.

시장의 균형, 수요 곡선과 공급 곡선이 만나는 순간

가위는 윗날과 아랫날이 만나야 제 역할을 합니다. 시장에서 수요와 공급도 마찬가지로 서로 만나는 지점에서 거래가 성립됩니다. 앞선 양배추의 사례로 수요와 공급이 만나는 순간을 살펴보겠습니다.

먼저 앞에서 살펴본 시장 전체 수요량과 시장 전체 공급량을 표와 그래프로 합쳐 살펴봅니다.

	시장 전체 수요량	시장 전체 공급량
1000원	20만 개	10만 개
2000원	15만 개	15만 개
3000원	10만 개	20만 개
4000원	5만 개	25만 개

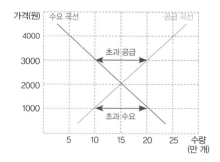

시장에서는 양배추 가격에 따라 각각 다른 일이 벌어집니다.

양배추 가격이 1000원일 때 수요량은 20만 개나 되는데, 공급량이 10만 개로, 수요량보다 공급량이 부족해 10만 개의 초과 수요가 발생합니다. 이때 가격이 싼 양배추를 두고 수요자들 간에 경쟁이 일어나 가격이 2000원까지 오릅니다.

양배추 한 개의 가격이 3000원일 때 수요량은 10만 개뿐인데, 공급량이 20만 개로, 공급량보다 수요량이 적어 10만 개의 초과 공급이 생깁니다. 공급자들 간 판매 경쟁으로 양배추 가격은 2000원까지 내려갑니다.

이를 종합해 보면 결국 양배추 가격은 수요량과 공급량이 같아지는 2000원이 됩니다. 이렇듯 수요량과 공급량이 같아지는 가격을 균형 가격이라 하고, 이때의 거래량을 균형 거래량이라고 합니다. 시장에서 초과 수요와 초과 공급이 일시적으로 나타날 수는 있지만 결국 수요와 공급은 균형 가격, 균형 거래량을 찾아가게 됩니다.

시장의 신호등, 가격

질베르의 〈야채 시장〉 속 손님과 상인의 이야기에서 시작해, 시장 전체의 수요와 공급, 균형 가격까지 이야기했습니다. 시장에서 가격은 물건의 가치를 나타내는 것 외에도 몇 가지 중요한 역할을 합니다.

첫 번째로 시장에서 가격은 신호등과 같은 역할을 합니다. 도로가 혼잡할 때 신호등은 운전자들에게 지금 멈춰야 하는지, 혹은 가야 하는지를 알려 줍니다. 마찬가지로 시장 가격은 수요자와 공급자 각각에게 신호를 보냅니다.

예를 들어 낮은 시장 가격은 공급자에게 '이 상품은 이윤이 많이 남지 않아. 공급을 줄여야 해'라는 신호를 보냅니다. 반대로 수요자에게는 '이 정도면 낮은 가격이니 더 사도 돼'라는 신호를 보냅니다. 그 결과 초과 수요가 나타나고, 수요자들의 구매 경쟁 때문에 가격이 점점 올라갑니다. 이때 가격은 소비자에게 '소비를 줄여야 해'라는 신호를, 공급자에게는 '더 많이 생산해도 돼'라는 신호를 보냅니다. 이 과정을 거치며 수요량과 공급량이 같아지는 지점에 도달하면 균형 가격이 생성됩니다.

중요한 것은 가격은 '신호'를 보낼 뿐 강제로 명령하지 않는다는 점입니다. 시장 참여자들은 자유로운 경제 활동을 하면서 신호에 따라 합의점을 찾는 것이지요.

두 번째로 시장 가격은 가장 효율적인 방법으로 자원을 배분합니다. 예를 들어 여러분이 제일 좋아하는 가수의 한정판 앨범이 세상에 단 한 장 있다고 생각해 봅시다. 여러분은 이 앨범을 사는 데 얼마를 낼 용의가 있나요? 어떤 사람은 100만 원도 치르겠다고 할지 모릅니다. 다른 사람들은 80만 원, 혹은 50만 원을 내겠다고 말했다면, 이 앨범은 누구에게 돌아갈까요? 공급자는 가장 비싼 값을 제시한 사람에게 앨범을 판매할 것입니다.

중요한 것은 가장 비싼 가격으로 사려는 사람이 이 앨범을 가장 간절히 바라는 수요자라는 사실입니다. 앨범을 구매함으로써 수요자는 큰 만족(효용)을 얻을 수 있고, 공급자 역시 높은 대가를 받아 이윤을 극대화하게 됩니다. 어떤 강요나 명령 없이도 시장에서는

다양한 수요와 공급이 교차하는 쇼핑센터

이러한 배분이 자율적으로 이루어집니다. 시장 가격이 마치 마법처럼 한정된 자원을 효율적으로 배분하지요.

1. 수요란 실제 구매력을 갖추고 상품을 사려고 하는 욕구를 말하며, 수요량이란 일정한 가격에서 수요자들이 사고자 하는 상품의 양을 말한다.
2. 가격과 수요량의 관계를 나타내는 그래프를 수요 곡선이라 하며, 이는 우하향 곡선이다.
3. 가격이 올라가면 수요량은 줄어들고, 가격이 내려가면 수요량은 늘어나는 법칙을 수요 법칙이라고 한다.
4. 공급이란 상품을 팔려는 욕구를 말하며, 공급량이란 일정한 가격에서 공급자들이 팔고자 하는 상품의 양을 말한다.
5. 가격과 공급량의 관계를 나타내는 그래프를 공급 곡선이라 하며, 이는 우상향 곡선이다.
6. 가격이 올라가면 공급량이 늘어나고, 가격이 내려가면 공급량은 줄어드는 법칙을 공급 법칙이라 한다.
7. 수요량과 공급량이 같아 균형을 이루는 지점의 가격을 균형 가격이라고 하며, 이 균형 가격에서의 거래량을 균형 거래량이라고 한다.
8. 가격이 낮아 초과 수요(수요량 > 공급량)가 나타나면 수요자들 사이에서 구매 경쟁이 일어나 상품 가격이 올라간다.
9. 가격이 높아 초과 공급(수요량 < 공급량)이 나타나면 공급자들 사이에서 판매 경쟁이 일어나 상품 가격이 내려간다.
10. 시장 가격은 자원을 가장 효율적으로 배분해 주는 기능과 시장 참여자들에게 경제 활동을 어떻게 얼마나 할지 알려 주는 신호등과 같은 기능을 한다.

터널 통행료를 받는 이유는?

/ 시장 가격의 자원 배분 /

지니는 어머니와 함께 차를 타고 가던 길에 남산 터널을 지났다. 그런데 터널 입구에서 요금으로 2000원을 받았다. 지니는 터널을 지날 때 왜 돈을 내야 하는지 의문이 들었다.

지니 선생님, 남산 터널을 지날 때 요금을 내야 하더라고요. 그런데 버스는 요금을 안 받고 자가용 승용차만 받았어요.

선생님 혼잡 통행료 말이구나. 교통 혼잡을 줄이려는 제도란다. 남산 터널은 서울 도심에 진입하는 위치에 있기 때문에 오가는 차가 많고 복잡해서 요금을 받는 거지.

누구든 편의를 위해 승용차를 타고 다닐 수는 있지만, 그 때문에 도로가 혼잡해지면 많은 사람이 귀중한 시간을 낭비하게 되고, 차량이 내뿜는 매연에 도심 공기가 심각하게 오염되지. 이런 문제를 해소하려고 혼잡 통행료를 받아 도심에 진입하는 교통량을 줄이려고 한 거란다.

지니 다른 방법으로도 교통량을 줄일 수 있지 않을까요? 가령 혼잡한 시간에는 버스만 터널을 지나가게 하고, 승용차는 지나가지 못하게 하는 방법 같은 거요.

선생님 물론 그런 방법을 쓸 수도 있지. 하지만 승용차를 반드시 이용해야 하는 사람들은 큰 불편을 겪게 될 거야. 강제로 승용차의 터널 진입을 막는 것보다는 혼잡 통행료를 받는 것이 더 합리적일 수 있어. 혼잡 통행료를 받는 것은 도로 이용에 가격을 매기는 것과 같으니까. 시장 가격이 하는 역할을 기억하지?

지니 네, 가격은 자원을 꼭 필요한 사람에게 효율적으로 배분하는 역할을 해요.

선생님 그래. 서울에 진입하려고 할 때 2000원을 내고서라도 도로를 이용하겠다는 사람은 승용차를, 내지 않겠다는 사람들은 대중교통을 이용하면 되는 거야.

지니 그러니까 시장 가격을 매겨서 그만큼을 내려는 사람에게만 '도로 이용'이라는 상품을 효율적으로 배분한 것이군요?

선생님 그렇지. 그리고 이로써 교통 혼잡을 어느 정도 해결할 수 있어. 굳이 터널을 이용하지 말라고 강제하지 않아도 말이야.

지니 시장 가격으로 교통 문제를 자연스럽게 해결할 수 있다니 재미있네요!

시장의 모습을 즐겨 그린 화가,
빅토르 가브리엘 질베르

빅토르 가브리엘 질베르는 1847년 프랑스 파리에서 태어났습니다. 어릴 때부터 그림에 천부적인 재능을 보였지만 가난 때문에 화가가 되기 위한 정식 교육을 받지는 못했지요. 열세 살이 되고 나서 낮에는 장식 화가의 조수로 일하고 밤에는 미술 학교에 다니며 화가의 꿈을 키울 수 있게 되었습니다.

질베르가 즐겨 그렸던 소재는 시장의 풍경이었습니다. 야채 시장, 어시장, 꽃 시장 등 다양한 시장의 모습을 그렸는데, 특히 꽃을 사고파는 여인들의 모습을 그린 작품이 많습니다. 질베르가 화가로서 입지를 다지게 된 작품 역시 어시장에 있는 생선 가게의 모습을 그린 그림으로, 1880년 프랑스 살롱에 출품하여 입상했습니다.

질베르는 시장 풍경 외에도 천진난만한 아이들의 모습, 커피를 마시는 여인 등 파리에 사는 다양한 사람들의 모습을 사실적으로 그려 냈습니다. 그의 작품을 통해 우리는 19세기 파리지앵(파리에 사는 사람들)의 일상을 엿볼 수 있습니다.

〈파리의 꽃 시장 The Flower Market〉, 빅토르 가브리엘 질베르, 1881년

고흐 생전에 팔린
단 한 점의 그림은?

#고흐의 〈아를의 붉은 포도밭〉으로 본 수요와 공급의 변동

〈아를의 붉은 포도밭〉에 얽힌 사연

석양에 붉게 물든 들녘과 밝은 노란빛을 띤 하늘이 강렬한 대비를 이루고 있습니다. 들녘에는 농부들이 허리를 숙여 부지런히 일하고 있습니다. 그들이 열심히 수확하고 있는 것은 무엇일까요?

강렬한 삶을 살다 간 화가, 빈센트 반 고흐Vincent van Gogh가 그린 작품입니다. 〈해바라기Sunflowers〉〈귀를 자른 자화상Self-Portrait with Bandaged Ear〉〈별이 빛나는 밤The Starry Night〉등 이미 여러 명작으로 널리 알려진 화가지요. 고흐는 빛에 따라 순간적으로 변하는 색채를 잡아내 강렬하게 표현한 것으로 유명합니다.

놀라운 것은 그가 남긴 900여 점의 그림과 1100여 점의 습작품 대부분이 고작 10년 동안 그려졌다는 점입니다. 그가 본격적으로 그림을 그리기 시작해 생을 마감하기까지 그림을 그린 기간이 10년밖에 되지 않기 때문입니다.

〈아를의 붉은 포도밭Red Vineyards at Arles〉은 그의 수많은 작품 중에서도 특별한 의미를 지닙니다. 고흐가 살아 있는 동안 정식으로 팔린 유일한 작품이기 때문입니다. '천재 화가'라 불리는 고흐가 생전에 오직 한 작품만을 팔았다니, 의아하게 생각할 수도 있습니다.

사실 고흐는 당대에는 인정받지 못한 불운한 화가였습니다. 그림을 배우러 들어간 미술 학교에서 제적당하기도 했고, 작품이 '야만적'이라는 평을 듣기도 했습니다. 결국 돈을 벌지 못해 동생 테오 반 고흐Theo van Gogh에게 생활비를 지원받아 살아가야만 했습니다. 한때 동료 화가인 폴 고갱Paul Gauguin과 함께 살기도 했지만, 창작에 대한 의견이 달라 심하게 싸우고 헤어지고 말았습니다.

이후 고흐는 정신병을 앓기 시작해 본인의 귀를 자르고 물감을 먹으려 하는 등 이상 행동을 보이다가 1890년 결국 권총으로 자살하고 맙니다. 사후에 천재성을 인정받아 후기 인상주의의 대표적 화가로 자리 잡기는 했지만, 그는 불행한 삶을 살았습니다.

〈아를의 붉은 포도밭〉은 고갱과 예술 공동체를 꿈꾸며 함께 살던 시기에 그린 그림입니다. 아를은 프랑스 남부에 있는 지역으로 고흐가 매우 사랑했던 마을이었습니다. 고흐가 동생 테오에게 보낸 편지에는 '하늘은 믿을 수 없을 만큼 파랗고 태양은 유황빛으로 반짝인다'라고 아를을 묘사하기도 했습니다. 이 작품은 어느 가을 해질 녘 포도밭에서 수확하는 풍경을 담고 있습니다. 저물어 가는 태

〈아를의 붉은 포도밭〉, 빈센트 반 고흐, 1888년

양에 붉게 타는 듯한 포도밭, 그 안에서 분주하게 일하는 농부들의 모습이 어우러져 낭만적인 풍경을 이룹니다.

작품 속 아름다운 풍경이 보는 이의 마음을 사로잡았는지, 그림은 1890년 안나 보쉬 Anna Boch라는 사람에게 팔렸습니다. 안나 보쉬는 고흐의 친구였던 외젠 보쉬 Eugène Boch의 누이였고, 그녀 자신도 화가였습니다. 당시 이 그림이 팔린 가격은 400프랑이었습니다. 달러로 환산하면 당시 돈으로 약 30달러, 현재 우리나라 화폐의 가치로 따지면 대략 150만 원 정도의 값어치였습니다. 생활비조차 없던 고흐에게 적은 금액은 아니었습니다만, 그의 작품들이 후세에 받는 평가를 생각해 본다면 아주 초라한 금액이지요.

이 그림이 팔린 지 고작 6개월 후 고흐는 정신 질환으로 세상을 떠났습니다. 안나 보쉬는 1906년 한 갤러리에 이 그림을 되팔았습니다. 고흐의 명성이 알려지기 시작한 뒤였습니다. 1890년에 400프랑이던 그림 가격은 16년 후에 1만 프랑이 되었습니다. 거의 25배 뛴 가격이었지요. 물론 투자를 하려고 고흐의 그림을 산 것은 아니었겠지만, 결과적으로 많은 액수의 돈을 벌게 된 것이지요.

이렇듯 〈아를의 붉은 포도밭〉은 고흐가 죽은 후 가격이 크게 뛰었습니다. 그 이유는 고흐가 명성을 얻고 작품들이 높게 평가받으면서 그의 그림을 찾는 사람이 늘었기 때문입니다. 앞에서 상품 가격이 내려가면 '수요량'이 늘어난다는 수요 법칙을 이야기했습니다. 가격이 쌀수록 수요자들이 상품을 더 많이 찾게 되는 현상이지요. 하지만 고흐의 그림처럼 선호도의 증가로 수요의 변화가 나타나기도 합니다.

수요가 변하는 요인

고흐의 그림처럼 어떤 상품에 대한 선호도가 늘어날 때 사고자 하는 수요가 늘고 가격이 오르는 것은 무척 자연스러운 일입니다.

미술 작품뿐 아니라 대부분의 상품이 선호도의 영향을 받습니다. 예를 들어 A 핫도그 가게는 핫도그를 1000원에 판매합니다. 이 가게는 SNS Social Network Service 와 각종 TV 프로그램에서 맛집으로 알려져 다른 지역 사람들까지 핫도그를 사 갈 정도라고 해 봅시다. 이때는 핫도그를 찾는 사람이 더욱 늘어날 것입니다.

반대의 경우도 생각해 볼 수 있습니다. A 핫도그 가게는 소문과 달리 값싼 재료만 쓰고 위생 상태도 나쁘다는 이유로 TV 고발 프로그램에 나오게 됩니다. 핫도그를 찾는 사람은 줄어들 것입니다.

선호도의 증가 외에도 수요에 영향을 끼치는 원인은 다양합니다. 다음 세 경우에 핫도그 수요는 어떻게 변할지 예측해 볼까요? 단, 핫도그의 가격과 공급은 변하지 않는 상황이라고 가정합시다.

①A 핫도그 가게 주변이 개발되어 유동 인구가 늘었다.
②A 핫도그 가게와 경쟁하는 햄버거 가게에서 햄버거 가격을 대폭 올렸다.
③A 핫도그 가게에서 핫도그에 뿌려 먹는 일회용 케첩을 따로 판매하는데, 케첩 가격을 100원에서 300원으로 올렸다.

①에서는 핫도그 가게가 있는 거리로 모여드는 인구가 늘어나 더 많은 사람이 핫도그를 살 수 있습니다. 이 경우 핫도그 수요가 늘어납니다. 즉, 인구 증가는 수요를 증가시킵니다.

②에서는 핫도그 가게와 경쟁하는 햄버거 가게에서 햄버거 가격을 올렸으므로, 햄버거를 찾는 사람들이 줄어듭니다. 대신 사람들은 핫도그를 더 찾게 됩니다.

이처럼 핫도그와 햄버거는 서로 경쟁 관계에 있는 재화입니다. 이런 재화로 콜라와 사이다가 대표적인 예입니다. 콜라의 가격이 오르거나 구할 수 없을 때면 비슷한 만족감을 주는 탄산음료인 사이다를 찾는 경우가 많지요.

핫도그와 햄버거처럼 어떤 재화 대신 비슷한 만족감을 줄 수 있어서 서로 경쟁 관계에 있는 재화를 대체재라고 합니다. 버터와 마가린, 소고기와 돼지고기, 쌀과 빵, 커피와 홍차, 짬뽕과 짜장면 같은 많은 상품이 서로 바꿔 쓸 수 있는 대체재지요. '꿩 대신 닭'이라는 속담을 떠올려 보면 대체재를 좀 더 쉽게 이해할 수 있습니다.

대체재는 한 상품의 가격 변화가 다른 상품의 수요에 영향을 미칩니다. 예를 들어 콜라값의 상승은 사이다의 수요에 어떤 영향을 줄까요?

> 콜라 가격의 상승 ⇒ 콜라의 수요량 감소 ⇒
> 콜라 대신 사이다 선택 증가 ⇒ 사이다의 수요 증가

위 과정처럼 사이다 회사로서는 콜라 가격이 오르면 사이다의 수요가 증가하기 때문에 좋은 일입니다. 반대로 콜라 가격이 내려가면 사이다 회사에서는 울상을 짓겠지요. 소비자들은 싼 가격의 콜라를 더 많이 찾을 것이고, 상대적으로 사이다의 수요가 줄어들기 때문입니다.

결론적으로 ②는 대체재, 특히 대체재의 가격 변화가 수요에 영향을 끼치는 요인임을 잘 보여 주는 사례입니다.

③에서 핫도그와 케첩의 관계는 ②에서 핫도그와 햄버거의 대체 관계와는 다릅니다. 핫도그와 케첩은 따로따로 먹기보다 핫도그에 케첩을 뿌려 같이 먹으면 더 맛있습니다. 그런데 케첩 가격이 오

대체재인 콜라와 사이다

보완재인 연필과 지우개

르면 케첩의 수요량은 줄어들고, 그에 따라 케첩을 뿌려 먹어야 맛있는 핫도그도 예전보다 덜 찾게 됩니다.

핫도그와 케첩처럼 함께 소비할 때 만족감이 커지는 관계에 있는 재화를 보완재라고 합니다. 커피와 설탕, 치킨과 맥주, 우유와 시리얼, 연필과 지우개, 프린터와 프린터 용지처럼 단짝이 돼야 시너지를 내는 재화들이지요. '바늘 가는 데 실 간다'라는 속담은 보완재의 성격을 잘 표현해 줍니다.

보완재 역시 대체재처럼 한 상품의 가격 변화가 다른 한쪽의 수요에 영향을 미칩니다. 예를 들어 연필과 지우개는 꼭 함께 사용해야 하는 단짝 관계입니다. 그런데 연필의 가격이 오른다면 지우개의 수요는 어떻게 될까요?

연필 가격의 상승 ⇒ 연필의 수요량 감소
⇒ 연필과 함께 쓰는 지우개의 수요 감소

연필 가격이 오르면 지우개의 수요도 줄어듭니다. 반대로 연필 가격이 내려가면 연필을 쓰는 사람이 많아지면서 덩달아 지우개의 수요도 늘어나겠지요. 지우개를 만드는 기업은 연필의 가격 변화에 따라 생산량을 조절해야 하겠지요.

결론적으로 ③은 보완재, 특히 보완재의 가격 변화가 수요에 영향을 끼치는 요인임을 잘 보여 주는 사례입니다.

지금까지 수요를 변화시키는 원인을 살펴보았습니다. 그렇다면 수요가 달라지면 시장에는 어떤 일이 벌어질까요? 단, 가격과 공급은 그대로라고 생각해 봅시다.

콜라의 가격 상승 덕분에 인기가 많아진 사이다는 예전보다 귀한 상품이 됩니다. 시간이 지나면서 사이다 역시 점차 가격이 올라가고, 거래량도 늘어납니다.

한편 연필 가격이 오르는 바람에 수요가 줄어든 지우개는 예전보다 덜 귀한 상품이 됩니다. 결국 지우개의 가격은 내려가고, 거래량도 줄어듭니다.

이를 볼 때 수요가 늘어나면 해당 상품의 가격은 올라가고, 거래량도 늘어납니다. 반대로 수요가 줄어들면 해당 상품의 가격은 내려가고, 거래량도 줄어듭니다.

공급이 변하는 요인

상품의 수요와 마찬가지로 공급에 영향을 끼치는 요인도 다양합니다. 예를 들어 살펴볼까요? 여러분이 붕어빵을 1000원에 판매한다고 가정해 봅시다. 그렇다면 다음 세 경우에 붕어빵 시장의 공급은 어떻게 변할까요? 단, 붕어빵 가격과 수요는 변하지 않는 상황이라고 가정합시다.

① 붕어빵의 주재료인 팥의 가격이 올라갔다.
② 주변에 붕어빵 장사가 여기저기 늘어났다.
③ 붕어빵을 두 배로 빨리 만들 수 있는 기계가 생겼다.

①에서 여러분은 눈물을 머금고 붕어빵을 예전보다 덜 만들 것입니다. 팥의 가격이 올랐지만, 붕어빵 판매 가격과 수요는 그대로이기 때문에 정해진 예산에서는 생산량을 줄일 수밖에 없지요. 다른 상인들도 비슷한 판단을 내릴 것이므로 붕어빵 공급은 줄어들 것입니다.

②에서는 붕어빵을 만들어 파는 사람이 많아지는 만큼 붕어빵 공급이 늘어납니다.

③에서는 이전과 같은 시간을 들여도 두 배 더 많은 붕어빵을 만들어 낼 수 있으므로 공급이 늘어나게 되겠지요.

①은 생산에 들어가는 생산 요소의 가격이, ②는 공급 업체의

숫자가, ③은 생산 기술의 발달이 공급을 변화시키는 원인임을 보여 줍니다. 그렇다면 ①처럼 공급이 줄어들거나 ②와 ③처럼 공급이 늘어나면 시장에는 어떤 일이 벌어질까요? 단, 가격과 수요는 그대로라고 생각해 봅시다.

①에서는 붕어빵을 원하는 수요는 그대로인데, 공급은 줄어들었으니 붕어빵은 예전보다 귀한 상품이 됩니다. 시간이 지나면서 붕어빵 가격은 자연스럽게 올라갑니다. 다만 공급이 적어 붕어빵 거래량은 줄어듭니다.

②와 ③과 같이 붕어빵 공급이 늘어나면 붕어빵은 덜 귀한 상품이 됩니다. 결국 붕어빵 가격은 내려갑니다. 다만 공급이 늘어 붕어빵 거래량은 늘어나게 됩니다.

이렇듯 어떤 상품의 공급이 늘어나면 이 상품은 상대적으로 흔한 것이 되어 거래량은 늘어나지만, 가격이 내려갑니다. 반대로 공급이 줄어들면 상대적으로 귀한 것이 되어 거래량은 줄어들지만, 가격이 올라갑니다.

빈센트 반 고흐의 소망

고흐는 〈아를의 붉은 포도밭〉이 팔렸을 때 어머니에게 보내는 편지에 다음과 같은 말을 남겼습니다.

"…… 어제는 브뤼셀에서 제 그림이 400프랑에 팔렸다는 소식을 테오가 전해 줬습니다. 다른 그림이나 네덜란드 물가를 생각해 본다면 얼마 안 되는 돈이지만, 그럴수록 제대로 된 가격에 팔릴 작품을 계속 만들어 낼 수 있도록 열심히 노력할 생각입니다. ……"

물론 단순히 상품이라고 치기에는 크나큰 예술적 가치를 지니고 있습니다만, 고흐 자신도 400프랑에 팔린 자신의 그림이 불과 16년 뒤에 25배의 가격으로 오를 줄은 상상도 못 했을 것입니다. 다만 좀 더 '생산적'으로 그림을 그리는 화가가 되기를 희망했을 뿐입니다.

하지만 자신의 그림에 열광하는 사람이 늘어서 작품에 대한 수요가 이토록 늘어나리란 것을 알게 되었다면 얼마나 놀랐을까요? 그의 작품들은 이제 없어서 못 파는 것들이 되어 버렸습니다. 고흐의 죽음 이후에야 이런 일들이 벌어졌다는 것이 안타까울 뿐입니다.

1. 수요는 선호도, 대체재와 보완재, 인구나 소득 등의 영향을 받기
   도 한다.
   - 어떤 상품의 선호도가 증가하면 수요도 증가한다.
   - A 상품과 B 상품이 대체재일 때, 대체재인 A의 가격이 상승하
     면 B의 수요가 증가한다.
   - A 상품과 B 상품이 보완재일 때, 보완재인 A의 가격이 상승하
     면 B의 수요가 감소한다.
   - 인구나 소득이 증가하면 수요가 증가한다.
2. 공급은 생산 요소의 가격, 공급자 수, 기술의 발달 등의 영향을
   받기도 한다.
   - 어떤 상품의 생산 요소 가격이 상승하면 공급이 감소한다.
   - 어떤 상품의 공급자 수가 늘어나면 공급이 증가한다.
   - 어떤 상품을 만드는 기술이 발달하면 공급이 증가한다.

아버지의 음주를
줄이는 방법

아버지가 술을 많이 드시고 늦게 들어오신 날, 지니는 어머니의 푸념 소리를 들었다. "아니, 하루 한 잔도 건강에 해롭다는데, 돈은 돈대로 쓰고. 어휴, 술 좀 덜 마시면 좋을 텐데." 지니는 술 소비를 줄이는 방법을 생각해 보았다.

지니   선생님, 아버지의 음주를 줄일 방법으로, 소주나 맥주의 가격을 올려서 술 소비를 줄이는 건 어떨까요?

선생님   그래. 술에 세금을 부과하는 식으로 술값을 올릴 수 있지. 가격을 올리면 수요량이 줄어드니까.

지니   아니면 술 때문에 간암에 걸린 사진이나 이야기로 광고를 만들어 술의 해악을 알릴 수도 있겠죠? 혹은 술안주로 인기 있는 치킨이나 삼겹살 가격을 확 올리는 방법은요?

선생님   둘 다 기발한데? 가격으로 수요량을 조절하는 방법 외에 다른 요인으로 수요를 줄이는 방법이로구나. 담배에 암세포 사진을 붙이는 것처럼, 간암에 관한 광고를 만드는 건 술의 선호도를 떨어뜨리는 방법이고, 치킨이나 삼겹살 가격을 올리는 건 술의 보완재 가격을 올리는 방법이니까.

지니 소비를 줄이는 건 같은데, 가격과 그 외의 요인으로 나누는 이유가 있나요?

선생님 가격의 변화에 따라 소비량이 줄어드는 것을 경제학에서 '수요량의 변화'라고 한단다. 수요 곡선은 그대로 있고, 수요 곡선상에서 세로축의 가격이 변하면 이에 따라 가로축의 수요량이 변하는 것이지. 한편 가격이 아닌 선호도나 보완재의 가격 때문에 수요 곡선 자체가 움직이면 이를 '수요의 변화'라고 한단다. 술 가격은 똑같지만 술을 덜 마시게 되는 경우지. 그래프로 살펴보면 두 경우가 엄연히 다르단다.

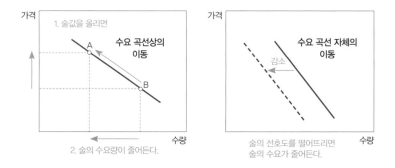

지니 그렇군요. 덕분에 아버지의 음주를 줄이는 방법을 경제 원리로 설명할 수 있게 되었네요.

빈센트 반 고흐의 작품 중 가장 비싼 그림,
〈가셰 박사의 초상〉

〈가셰 박사의 초상Portret van Dr. Gachet〉은 고흐의 사후에 팔린 그림 중 가장 비싼 가격에 팔린 작품입니다. 이 작품은 1990년 미국 크리스티 경매에서 8250만 달러에 팔렸습니다. 우리 돈으로 계산하면 약 932억 원에 낙찰된 것이지요. 당시 엄청난 가격으로 인해 많은 사람에게 놀라움을 안겼습니다.

이 그림의 모델 폴 가셰Paul Gachet 박사는 고흐가 정신병을 앓던 생의 말기에 그를 치료해 준 의사입니다. 고흐는 삶의 마지막 2개월을 작은 마을에서 가셰 박사의 치료를 받으며 지냈습니다. 가셰 박사 역시 우울증을 앓은 경험이 있었던 데다 그림 그리기를 즐겨 여러 가지 공통점을 지닌 고흐를 정성껏 치료해 줬다고 합니다.

고흐는 가셰 박사를 다소 우울하고 불안한 눈빛을 지닌 인물로 표현했습니다. 동생 테오에게 쓴 편지에서도 가셰 박사의 초상을 우울해 보이도록 마쳤다고 이야기합니다.

이 그림을 그린 지 두 달이 채 되지 않아 고흐는 세상을 떠났습니다. 이 그림은 1897년 58달러에 처음 팔렸으나 100년이 지난 후 어마어마한 가격에 팔려 세계에서 가장 비싼 그림 중 하나가 되었습니다.

〈가셰 박사의 초상〉, 빈센트 반 고흐, 1890년
고흐는 가셰 박사의 초상을 두 작품 그렸는데, 첫 번째 그림은 경매에서 개인에게 비싼 값에 팔렸고, 두 번째 그림은 프랑스의 오르세 박물관Orsay Museum에 소장되어 있다.

튤립, 가짜 수요의
공격을 받다

#브뤼헐의 〈튤립 투기 풍자화〉로 본 버블 경제

튤립 투기에 눈먼 원숭이들

기묘한 장면입니다. 사방에 원숭이들이 가득합니다. 원숭이들만큼
이나 이 그림에 많이 등장하고 있는 것은 꽃, 바로 튤립입니다. 왼
쪽 아름다운 튤립 화단 근처에는 서류를 들고 있거나 튤립을 가리
키며 무언가 설명하는 원숭이가 있습니다. 가운데는 튤립과 돈 더
미를 함께 들고 있는 원숭이도 있고, 그 오른쪽에는 두 마리의 원숭
이들이 금화와 은화를 세고 있네요. 땅에 쭈그려 앉아 무언가의 무
게를 재고 있는 원숭이도 보입니다.

　그런데 오른쪽에서는 좀 다른 일이 벌어지고 있습니다. 어딘가
로 끌려가는 원숭이도 보입니다. 그림의 가장 오른쪽 아래에 있는
원숭이는 튤립을 땅바닥에 버려두고 오줌을 갈기고 있습니다. 대체

〈튤립 투기 풍자화Satire on Tulip Mania〉, 얀 브뤼헐 2세, 1640년경

이 그림은 어떤 상황을 담고자 했을까요?

이 그림을 그린 화가는 얀 브뤼헐 2세Jan Brueghel the Younger 입니다. 미술사에는 브뤼헐이라는 성을 가진 화가가 종종 등장합니다. 1장에서 본 피터르 브뤼헐과 얀 브뤼헐 2세는 한집안 사람입니다. 얀 브뤼헐 2세는 브뤼헐 집안의 화가 중 가장 막내로 할아버지, 큰아버지, 아버지 역시 모두 명성이 높은 화가였습니다.

아름다운 꽃을 많이 그린 아버지를 생각해 보면 아들 얀 브뤼헐 2세가 그린 그림은 의아하게 느껴집니다. 튤립을 사고파는 원숭이들 때문에 아름답다기보다는 우스꽝스러워 보이니까요.

　사실 이 그림은 풍자화로, 얀 브뤼헐은 당시 '튤립 버블tulip bubble' 이라는 불합리한 사회 현상을 비판하고 풍자했습니다. 튤립 버블이 란 17세기 네덜란드에 불었던 튤립 투기(시세 차익만을 노리고 하는 매매 거래) 광풍을 이르는 말입니다.

　금도 아니고 부동산도 아니고 튤립에 투기하다니? 지금 생각하면 정말 황당한 상황이지만 정말 그랬습니다. 튤립 한 송이가 당시 돈으로 3000길더에 팔렸다는 기록도 있습니다. 당시 네덜란드 가정의 일반적인 1년 생활비가 300길더였다는데, 꽃 한 송이 값이 그

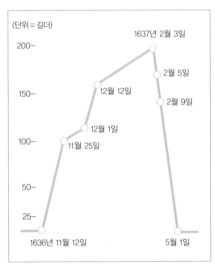

튤립 버블 당시 튤립 가격

〈셈페르 아우구스투스Semper Augustus Tulip〉, 작가 미상, 1640년경
튤립 버블 당시 최고의 가치를 지닌 튤립 품종이었다.

10배에 이르렀으니 믿기 힘들 정도입니다. 대체 튤립이 왜 이렇게 비싼 값으로 팔렸을까요?

원래 튤립은 네덜란드가 원산지인 꽃은 아니었습니다. 오스만 제국에서 들여온 이 꽃은 고고한 아름다움으로 네덜란드 부유층의 눈을 사로잡았습니다. 특히 몇몇 희귀종은 다양한 색깔과 얼룩무늬로 아름다움을 뽐냈습니다. 부유한 사람들은 점차 부의 척도로 희귀한 색깔의 튤립을 찾기 시작했고, 그 알뿌리(구근) 수요가 늘어났습니다.

이렇게 튤립은 새로운 투기 수단으로 떠올랐습니다. 튤립 알뿌리를 싸게 사서 최대한 비싸게 팔 수 있겠다는 생각에 너도나도 튤립 알뿌리를 사들인 결과, 튤립은 집 한 채 이상의 가격으로 팔렸습니다.

웃지 못할 일화도 전해집니다. 1630년대 먼 곳에 나갔다가 귀국한 항해사가 어느 상인의 집을 방문했습니다. 요리를 대접받아 먹던 항해사가 무심코 근처에 있던 양파를 함께 먹었습니다. 그런데 이 양파로 보이던 것은 사실 튤립 알뿌리였습니다. (튤립 알뿌리는 양파와 겉모습이 상당히 비슷합니다.) 항해사는 값비싼 튤립 알뿌리를 먹어 치운 죄로 고소당하고 감옥살이까지 했다고 합니다.

얀 브뤼헐 2세의 그림 속 원숭이들은 튤립 버블 당시 투기에 빠져 있던 어리석은 사람들을 나타냅니다. 서류를 보고 있는 원숭이는 칼까지 차고 있는데, 지체 높은 귀족을 상징하지요. 그림의 왼쪽과 가운데의 즐거워 보이는 원숭이들은 튤립 투기로 기대에 차 있거나 실제 큰돈을 벌어 기뻐하는 사람들입니다. 하지만 그림의 오른쪽에 있는 튤립에 소변을 누거나 포박된 채 끌려가는 원숭이들은 튤립 투기의 실패로 큰 손해를 보았거나, 빚 때문에 소송을 당해 법정에 끌려가는 사람들이지요.

원래 '버블'이라는 말 자체가 언제 터질지 모르는 거품과 같아 붙은 말입니다. 실제로 튤립 버블은 그 거품이 금세 터져 버렸습니다. 치솟던 튤립값은 불과 4개월 만에 99%가 떨어졌습니다. 한번 떨어지기 시작하자 그 끝이 보이지 않았습니다. 갑자기 폭락한 튤립 가격에 투기했던 사람들은 후회했지만, 이미 때는 늦은 후였습니다.

가짜 수요와 버블

어떤 상품의 가격이 오르리라고 기대한다면 사람들은 당장 필요하지 않더라도 수요를 늘리는 경향이 있습니다. 조금이라도 더 쌀 때 사서 값이 오르면 그것을 팔아서 이익을 볼 수 있으니까요. 특히 부동산 시장에서 이런 일이 많이 벌어지고는 합니다. 어떤 아파트 단지 근처에 지하철역이나 산업 단지가 생길 것으로 예상되면 사람들은 그 아파트 가격이 오르리라 예상하고 이를 사 두려고 합니다.

이렇듯 정상적인 수요가 아닌 투기 이익을 노린 가수요가 너무 많이 늘어 버리면 투기 과열 상태가 됩니다. '가수요'라는 말은 실수요와 반대되는 개념인데, 거짓을 의미하는 '가假'가 붙어 가짜 수요를 뜻합니다.

앞선 튤립 버블 역시 투기 심리에서 비롯된 가수요 때문에 벌어진 일입니다. 당시에는 튤립을 예쁘게 키워 감상하기보다는 튤립으로 한몫 잡아 부자가 되어야겠다고 생각한 가수요자들이 많았습니다.

일반인 사이에서도 튤립 투기 수요가 엄청나게 증가하면서 싼 품종의 튤립 가격도 수십 배로 뛰었습니다. 하지만 얼마 지나지 않아 터무니없이 높아진 튤립 가격에 의심을 품는 사람들이 늘어났고, 투기 심리도 점차 사그라들었습니다. 가격은 비싸게 형성되어 있는데 정작 구매하려는 사람은 없어졌습니다. 수요가 줄어들며 결국 한순간에 튤립 가격은 폭락했습니다.

튤립 가격이 한도 끝도 없이 올라갈 때 재산이 늘었다고 기뻐한 사람들은 튤립 거품이 꺼지면서 큰 손해를 면치 못했습니다. 과도한 빚을 지면서까지 투기했던 사람들은 풍자화에 나온 것처럼 재판정에 끌려가기도 했습니다. 위험한 투기 행렬에 합류했다가 낭패를 보게 된 것이지요.

역사 속 버블: 투자 실패로 전 재산을 잃은 뉴턴

튤립 버블은 역사상 최초의 자본주의적 투기라 전해져 이후 경제적 거품 현상을 빗대는 말이 되었습니다. 맥주에 거품이 끼어 있으

〈뉴턴의 초상화Portrait of Isaac Newton〉, 고드프리 넬러Godfrey Kneller, 1689년

면 실제보다 양이 더 많아 보이는 것처럼 어떤 상품의 실질적인 가치보다 투기 때문에 수요가 더 커져 버린 경제 상황을 버블 경제라고 합니다. 상품의 실질적인 가치는 올라가지 않는데 가격만 한없이 올라가는 상황이죠.

튤립 버블 사건과 같은 투기 행렬에 뛰어든 사람들 전부가 '어리

석고 비이성적인 사람들'이라고 생각할지도 모릅니다. 하지만 만유인력의 법칙을 발견해 세기의 천재라 불리는 아이작 뉴턴Sir Isaac Newton 역시 과도한 투자로 전 재산을 잃은 적이 있습니다. 또 다른 버블의 대표적 사례인 18세기 영국 '남해회사The South Sea Company'의 주가 폭락 때문이지요.

18세기 초 많은 빚을 지고 있던 영국 정부는 빚을 줄이고자 남해회사라는 공기업을 세웠습니다. 이 회사는 처음에는 무역을 통해 이윤을 남겨 영국 정부의 빚을 갚아 나가려 했지만, 현실적으로 어려워지자 1719년 금융 기관으로 변신해 주식을 발행합니다.

남해회사의 주식은 그냥 돈을 주고 사는 주식이 아니라 영국 정부의 국채(정부가 재정상의 필요로 돈을 빌리고 발행해 주는 증서)를 사면 이것과 맞바꿀 수 있는 것이었습니다. 사람들은 국채를 사는 대신 회사 주식을 얻고, 영국은 국채를 발행해 빚을 줄여 나갈 수 있으니 모두에게 좋은 일 같았습니다. 남해회사도 이 기회를 놓치지 않으려 노력했습니다. '우리 회사는 정부에게 인정받은 회사'라며 주식을 팔기 위해 열심히 홍보했습니다.

당시 투자할 곳을 찾던 영국의 중상류층은 안정적인 회사라는 생각에 남해회사의 주식을 사들였습니다. 그 결과 1720년 1월 초 128파운드였던 남해회사 주식의 가격은 6월이 되자 1050파운드까지 치솟았습니다. 이에 중산층뿐만 아니라 서민들까지 전 재산을 남해회사 주식에 투자했습니다.

하지만 문제가 있었습니다. 실제 남해회사의 주식은 빈껍데기

〈남해회사 거품 사건Hogarthian image of the South Sea Bubble〉, 에드워드 매슈 워드Edward Matthew Ward, 19세기경

였습니다. 이 회사는 실질적으로 사업을 해서 남긴 이윤이 있었던 것도 아니고 경영 상태도 몹시 부실했습니다. 그저 주식의 가격을 높이려고 홍보를 많이 했을 뿐입니다. 지금으로 치면 일종의 주식 사기를 친 것이었죠.

게다가 남해회사의 주식 돌풍 이후에 정부의 허가 없이 주식을 발행하는 회사들이 늘어났습니다. 그 결과 주식의 공급이 늘어났습니다. 결국 영국 의회는 거품 회사를 규제하는 법안을 만들었고, 이

것이 시행되자 버블이 꺼지기 시작했습니다. 1000파운드를 넘던 주가가 고작 두 달 만에 200파운드로 떨어져 버렸습니다.

거품이 꺼지면서 수많은 사람이 피해를 보았습니다. 순식간에 전 재산을 잃어 자살하는 사람도 있었습니다. 앞서 이야기한 대로 뉴턴 역시 남해회사의 주식을 대량으로 샀는데, 이 거품이 꺼지면서 무려 2만 파운드(약 20억 원)의 재산을 잃었습니다. 그는 엄청난 손해를 본 뒤 다음과 같은 말을 남겼다고 합니다.

"나는 천체의 운동은 계산할 수 있지만, 인간의 광기는 계산할 수 없다."

역사 속 버블: 일본의 잃어버린 10년

1980년대에 나타난 일본의 부동산 버블 또한 대표적인 거품 경제입니다. 1986년부터 일본 정부는 은행의 이자율인 금리를 낮추는 정책을 적극적으로 펼쳤습니다. 이자율이 낮으면 저축하는 것보다 차라리 다른 곳에 투자하는 것이 낫습니다. 대출도 늘어납니다. 당시에도 이자율이 낮으니 은행에서 돈을 빌리는 데 큰 부담이 없었습니다. 당시 일본은 이러한 저금리 정책으로 인해 주변에 투자할 곳만 있으면 돈이 몰리는 구조였고, 많은 기업과 개인이 투자처로 삼은 것이 바로 부동산이었습니다.

투기의 대상이 되기 쉬운 명품을 파는 거리

부동산에 많은 자금이 몰리면서 일본의 땅값과 주택 가격이 엄청나게 올라가기 시작했습니다. 얼마나 비쌌는지 "도쿄의 땅값을 전부 합하면 미국 전체를 살 수 있다"는 말이 나돌 정도였습니다. 시중에 돈이 넘쳐 나자 평범한 사람들도 대출을 받아 투자를 계속

했습니다. 이자율이 낮아 대출에 대한 부담은 없었습니다. 부동산 투자의 물결 속에서 건설 업체들도 앞다투어 건물과 주택을 지었습니다. 버블 경제기에 일본인들이 투자했던 것은 부동산만이 아니었습니다. 주식이나 고급 수입차, 명화에 이르기까지 많은 상품들이 투자로 인해 가격이 치솟았습니다. 세계 100대 기업 중 53개가 주식값이 오른 일본 기업이었고, 세계의 유명한 명화들을 파는 경매에서 그림을 싹 쓸어 간 것도 일본인들이었습니다.

그러나 이 모든 것은 기술 개발이나 경영 개혁을 해서 실질적으로 이루어 낸 성장이 아니라, 시중에 돈이 많이 풀려 일어난 거품에 지나지 않았습니다. 1991년 결국 일본의 버블 경제는 끝나 버리게 됩니다. 일본 정부가 과도한 부동산 가격 상승을 우려해 금리를 올린 것입니다. 은행이 대출해 준 돈으로 부동산 투자를 한 사람들은 늘어난 대출 이자에 대한 부담으로 부동산을 팔아 치우기 시작했습니다. 이렇게 부동산을 파는 사람들이 늘어나기 시작하자 부동산 가격은 폭락했습니다. 부동산뿐만 아니라 주식, 고급 승용차, 명화 등 일본인들은 예전에 사들인 것들을 팔아 치우기 시작했고, 이 상품들의 가격 역시 내려갔습니다. 또 금리가 올라 빚을 갚지 못한 사람들 때문에 은행 역시 부도의 위험에 빠졌습니다.

이후 일본인들은 투자와 소비를 모두 줄이게 되었고, 이 때문에 기업이나 은행 모두가 어려움에 빠졌습니다. 길고 긴 일본의 경제 침체기가 시작되었습니다. 이 침체기가 10년이나 이어졌기 때문에, 이 시기를 일본의 '잃어버린 10년'이라고도 부릅니다.

해골과 튤립

17세기 네덜란드의 플랑드르 지역에서는 바니타스_{Vanitas}라는 정물화의 새로운 화풍이 유행했습니다. '바니타스'는 '공허' '덧없음'을 의미하는 라틴어로, 바니타스화는 삶의 덧없음을 표현한 그림입니다.

바니타스 정물화를 즐겨 그린 화가 필리프 드 샹파뉴_{Philippe de Champaigne}의 그림에는 세 가지 상징물, 해골과 모래시계 그리고 튤립이 등장합니다. 해골은 '죽음'을 상징합니다. 언젠가 다가올 죽음 앞에서 인간의 욕망이나 희로애락은 덧없을 뿐입니다. 모래시계 역시 인간의 시간이 한정되어 있음을 나타냅니다.

그렇다면 튤립이 담고 있는 의미는 무엇일까요? 바니타스 정물화에는 꽃이 종종 등장하는데, 아무리 화려하게 피었던 꽃도 결국 시들어 버리는 점이 인간의 생과 닮았기 때문이지요. 짐작하겠지만, 특별히 튤립을 그린 것은 튤립 버블과 연관성이 있습니다. 천정부지로 뛰어올랐던 튤립 가격은 거품같이 한낱 의미 없는 것이었지요. 이런 경험을 공유한 사람들은 이 그림 속 튤립을 보며 '헛됨'과 '허무'를 느꼈을 것입니다.

튤립 버블을 비롯한 여러 역사적 사례는 버블 경제의 위험성을 깨닫게 해 주었습니다. 그런데도 실제 버블 광풍 속에서는 이성적인 판단을 하기가 어렵지요. '이것이 목돈을 벌 수 있는 마지막 기회 아닐까?' '남들도 다 하니까 나도 투자해야 하지 않을까?'라는

〈바니타스Still-Life with Skull〉, 필리프 드 샹파뉴, 1671년

두려움과 위기감이 먼저 들 것입니다. 하지만 언젠가 그 값은 거품처럼 꺼진다는 것을 항상 기억해야 합니다. 많은 사람이 참여하더라도 그것이 정상적인 투자인지, 비이성적인 투기 행위인지 구분해야 합니다. 잘못하다가는 버블 경제의 마지막 행렬에 올라타서 크게 후회할 수도 있기 때문입니다.

1. 가수요란 앞으로 어떤 상품의 가격이 오를 것이라 기대하고 일 시적으로 나오는 수요를 말한다.

2. 버블 경제란 가수요(투기적 수요)에 의해 상품 값이 비정상적 으로 오르는 현상을 말한다.

3. 버블 경제의 역사적 사례에는 17세기 네덜란드의 튤립 버블, 18세기 영국의 남해회사 주식 거품 사건, 1980년대 일본의 거품 경제 등이 있다.

비트코인이
버블을 블러왔을까?

지니는 최근 인터넷에서 '비트코인bitcoin'이라는 단어를 자주 보았다. 많은 사람이 비트코인 투자에 뛰어들고 있다는 기사도 종종 접했다.

지니   선생님, 비트코인이 대체 뭐기에 다들 투자하는 거예요?

선생님 비트코인은 온라인상의 가상 화폐, 그러니까 일종의 사이버 머니야. 예를 들어 온라인으로 물건이나 서비스를 구매할 때 미리 적립해 둔 캐시로 간편히 결제하는 거지.

지니   아, 일상생활에서 이미 가상 화폐를 쓰고 있었네요.

선생님 비트코인은 암호 화폐의 하나이기도 해. 현실에서 쓰는 화폐와 달리, 국가가 발행하지 않고 개인이 전산 암호를 해독해서 만들 수 있어. 또 거래 기록이 전산으로 남는데, 블록체인 기술을 사용해 누구도 함부로 기록을 바꿀 수 없게 만들지.

지니   와, 그럼 암호만 풀 수 있으면 누구나 암호 화폐를 만들 수 있나요?

선생님 말처럼 쉽진 않지만 그렇지. 어쨌든 암호 화폐가 처음 만들어진 2009년 당시 비트코인은 10원 정도였어. 2011년에는 2000원이었다가 2017년 초에는 100만 원에 달하더니 소문이 퍼지면서 처

음보다 200만 배로 가치가 올라 2018년에는 2000만 원을 넘기

도 했지.

지니 오! 진작 비트코인에 투자했더라면 돈을 어마어마하게 벌 수 있

었겠네요? 안타까워라!

선생님 그래서 기회를 놓쳤다고 생각한 사람들이 다급하게 비트코인 투

자에 뛰어든 거야. 원래는 온라인에서 교환의 수단으로 쓰이던

화폐가 이제는 투기의 수단이 된 것이지. 하지만 이런 암호 화폐

열풍에는 버블의 위험성이 있어.

지니 투기 때문에 실제 가치보다 많이 부풀려져서 거래되는 현상이

지요?

선생님 맞아. 물론 암호 화폐의 실질적 가치나 앞으로의 역할을 예측하

기는 어려워. 어쨌든 2017~2018년 불었던 한국의 비트코인 광

풍은 조금 위험했다고 볼 수 있지. '남들이 이것으로 돈을 벌었으

니까 나도 한몫 잡아야겠다'라는 생각으로 뛰어드는 사람들이

많았으니까 말이야.

지니 맞아요. 튤립 버블 때처럼 한순간에 가격이 급락할 가능성이 크

니까요. 인터넷에서 대학생들이나 주부들도 비트코인에 투자한

다고 하는 글을 보았어요.

선생님 그래서 정부에서는 '묻지마 투기'를 막으려고 암호 화폐를 실명

으로 거래하게 하는 등 규제 방안을 내놓기도 했지. 항상 투자 대

상의 가치를 잘 생각해 보고 신중하게 투자해야 한단다.

네 명의 화가를 배출한
브뤼헐 가문

미술사에는 '브뤼헐'이라는 이름을 가진 작가가 네 명으로, 혼동하기 쉽습니다. 이들은 모두 플랑드르 미술에 한 획을 그은 브뤼헐 집안 출신 화가들입니다. 이들을 구분하려고 대大, the Elder나 소小, the Younger라는 글자를 붙여 부릅니다.

가장 선조 격은 대 피터르 브뤼헐Pieter Brueghel the Elder입니다. 그는 네덜란드

〈농부의 결혼식The Peasant Wedding〉, 대 피터르 브뤼헐, 1568년

〈새덫이 있는 겨울 풍경Winter Landscape with a Bird Trap〉, 소 피터르 브뤼헐, 1565년

〈꽃다발Small Bouquet of Flowers in a Ceramic Vase〉, 대 얀 브뤼헐, 1599년

〈아담의 창조Creation of Adam〉, 소 얀 브뤼헐, 17세기

농민들의 생활이나 풍습을 소재로 한 그림을 많이 남겨 '농민의 브뤼헐'이라고
불립니다.

　대 피터르 브뤼헐에게는 두 아들이 있었는데, 그중 장남인 소 피터르 브뤼헐
Pieter Brueghel the Younger은 도깨비나 귀신, 괴물 등을 소재로 상상에나 나올 법한
세계를 잘 그려 '지옥의 브뤼헐'이라고 불립니다. 대 피터르 브뤼헐의 차남 또한
화가가 되었는데, 바로 대 얀 브뤼헐Jan Brueghel the Elder입니다. 형과 달리, 그는
과일이나 꽃, 풍경 등을 잘 그려 '꽃의 브뤼헐'이라고 불립니다.

　대 얀 브뤼헐의 아들, 소 얀 브뤼헐Jan Brueghel the Younger이 바로 앞서 언급한
튤립 풍자화를 그린 인물입니다. 하지만 할아버지나 큰아버지, 아버지만큼 명성
을 얻지는 못했습니다.

3

경제학, 자본주의 역사 속으로

부르주아들,
단체 초상화를 그리다

#렘브란트의 〈포목상 조합의 이사들〉로 본 상업 자본주의의 성장

단체 초상화에 담긴 부르주아들

여섯 남자는 일제히 한곳을 쳐다보고 있습니다. 모자를 쓰지 않은 한 사람을 빼고는 모두 모자를 쓰고 검은색 옷을 차려 입고 있습니다. 근엄한 표정마저 닮아 있는 이 사람들은 대체 누구일까요?

  답은 〈포목상 조합의 이사들The Syndics of the Amsterdam Drapers' Guild〉이라는 그림의 제목에 있습니다. 네덜란드 미술의 전성기를 열었던 하르먼스 판 레인 렘브란트Harmensz van Rijn Rembrandt의 작품입니다. 작품 속 인물들은 포목(베와 무명)을 팔았던 상인들로, 특히 조합에서 간부를 맡고 있는 사람들입니다. 뒤쪽에 모자를 쓰지 않은 사람은 조합의 관리인이었지요.

  렘브란트가 이 사람들을 그린 이유는 무엇 때문이었을까요? 이

〈포목상 조합의 이사들〉, 하르먼스 판 레인 렘브란트, 1662년

들이 바로 그림을 주문한 사람들이었기 때문입니다. 단체로 초상화를 남겼다니, 조금 낯설게 느낄지도 모릅니다. 대개 초상화라고 하면 한 사람을 모델로 그린 것들이 많으니까요. 하지만 렘브란트가 살던 17세기 네덜란드에서는 사람들이 돈을 모아 그림을 주문하고, 단체 초상화를 남기는 방식이 유행했습니다. 단체 초상화는 오늘날의 졸업 사진처럼, 어떤 집단의 모습을 생생하게 남기는 그림이었죠.

특히 렘브란트는 단체 초상화를 잘 그리기로 유명한 화가였습니다. 그는 〈툴프 박사의 해부학 강의Doctor Nicolaas Tulp Demonstrating the Anatomy of the Arm〉에 네덜란드 암스테르담의 외과 의사 조합을, 〈야간 순찰The Night Watch〉에 민병대원들을 그렸습니다.

〈포목상 조합의 이사들〉과 같은 단체 초상화가 개인 초상화와 다른 점이 하나 더 있습니다. 그전까지 초상화의 주인공은 대체로 왕이나 귀족과 같은 신분이 높은 사람들이었습니다. 그런데 렘브란트의 그림에 등장한 사람들은 상인들입니다. 상인들은 렘브란트가 그렸던 의사나 민병대원들과 마찬가지로 계급이 높은 사람들은 아니었지요.

하지만 17세기 네덜란드 포목상 조합의 간부들은 단체로 초상화를 남길 만한 힘이 있었습니다. 그 힘은 바로 경제력이었습니다.

당시 네덜란드는 무역으로 경제적 전성기를 누렸습니다. 네덜란드의 수도 암스테르담은 북해라는 바다에 접해 있는데, 이곳의 큰 항구를 통해서 무역이 발달했습니다. 또한 이렇게 바다를 건너온 상품을 사고파는 과정에서 상업과 수공업, 금융업이 번성했습니다. 네덜란드의 상인들은 해상 무역을 통해 큰돈을 벌었습니다.

이들은 왕도 귀족도 아닌 그 아래의 시민 계급이었지만, 막강한 경제력을 바탕으로 점차 사회에서 발언권을 얻어 나갔습니다. 같은 일을 하는 상인이나 수공업자들끼리 조합을 만들기도 했는데, 이 조합을 '길드guild'라고 합니다. 길드는 원래 중세 시대 도시에서부터 존재했는데 경제적으로 어려울 때 서로 돕고 보호하는 동업자 조직을 말합니다. 〈포목상 조합의 이사들〉에 등장하는 사람들도 같은 길드의 구성원이었던 것이지요.

　이 단체 초상화 속 인물들이 오늘날 더욱 눈길을 끄는 이유는 무엇일까요? 상인이나 수공업자, 금융업자 등 시민 계급이 후대에 이르러 자본주의 시대를 이끄는 주인공, 바로 부르주아Bourgeois가 되었기 때문입니다.

부르주아의 탄생과 성장

중세 시대, 성으로 둘러싸인 도시에 사람들이 하나둘 모여들기 시작합니다. 자유를 얻은 사람들, 영주에게서 도망친 농민들이 이곳에 모여 새로운 직업을 찾기 시작하지요. 그들이 새롭게 찾은 일은 '장사'나 '물건 만들기'입니다. 물건을 사고팔거나 물건을 만드는 기술을 익혀 돈을 벌고 자유롭게 살아갑니다. 도시는 점점 몰려드는 사람들로 북적대기 시작합니다.

　중세 시대는 왕이나 영주와 같은 상위 계층이 다스리던 시대였습니다. 일반 농민들은 '농노'라고 해서 농민과 노예의 중간에 속하는 처지에 있었습니다. 자기 땅이 있고 농사도 짓지만, 영주에게 세금을 내야 하고 의무 봉사도 해야 하는 자유롭지 못한 계급이었지요.

　하지만 중세 후기에 이르러 변화가 나타납니다. 기술의 발달로 농업 생산량이 늘어나면서 먹고 남는 것을 충분히 팔 수 있게 되었

〈금세공인 성 엘리기우스 St. Eligius in His Goldsmith Workshop〉, 페트뤼스 크리스튀스 Petrus Christus, 1449년
금세공인과 같은 수공업 기술자들이 대표적인 부르주아였다.

지요. 이에 교통이 발달한 성채 지역을 중심으로 상공업이 활성화되고 도시가 발달했습니다. 도시에 사는 사람들은 영주에게 돈을 주거나 싸워서 자유를 얻기도 했는데, 이 소문을 듣고 더 많은 사람들이 도시에 모여들게 되었지요.

특히 성으로 둘러싸인 곳에 도시가 많이 발달했기 때문에 성을 뜻하는 '부르그Bourg'라는 단어에서 기원해서 도시의 상공 시민들을 일컫는 '부르주아'라는 말이 생겨났습니다. '도시의 공기는 자유를 만든다'라는 말이 있을 정도로 부르주아들은 비교적 자유롭게 경제 활동을 할 수 있었고, 이를 통해 자연스레 돈도 모을 수 있었습니다.

중세 시대가 지나고, 점차 유럽 곳곳에서 통일된 국가들이 탄생하고 절대 군주(왕)의 힘이 세지는 절대 왕정 시대가 열렸습니다. 흔히 '태양왕'이라고 불리는 프랑스의 루이 14세나 '나는 영국과 결혼했다'고 선언한 엘리자베스 1세 등이 절대 왕정의 대표적인 군주들입니다.

이 절대 군주들과 부르주아들은 서로 사이좋게 지냈을까요? 처음에는 서로가 서로에게 필요한 존재였기 때문에 사이가 나쁘지 않았습니다. 절대 왕정의 군주들은 자신의 권력을 유지하기 위해 일단 돈이 필요했습니다. 자신의 군대와 신하들을 거느려야 했으니까요. 그 돈을 대 주었던 대표적인 계급이 바로 부르주아였습니다.

부르주아들은 많은 세금을 낼 수 있는 경제력으로 군주를 도울 수 있었습니다. 물론 부르주아들도 절대 군주에게 협력하며 얻는 것이 있었지요. 왕들은 부르주아들의 경제적인 자유를 인정하고 보호해 주었습니다. 이러한 절대 왕정의 보호 안에서 부르주아들 역시 점차 경제력을 키워 나갔습니다.

당시 부르주아들이 크게 성장할 기회가 있었는데, 바로 15세기 말 이루어진 신항로 개척입니다. 신항로 개척이란 쉽게 말해 새로운 뱃길을 찾아내는 것입니다. 특히 당시 사람들이 찾고 싶어 했던 뱃길은 아시아로 가는 뱃길이었습니다. 왜 아시아로 가야만 했을까요? 당시 유럽인들 사이에서 매우 귀했던 향료, 비단, 도자기 등을 아시아에서 구할 수 있었기 때문입니다. 특히 고기나 생선에 뿌려 먹는 향료는 너무 귀해서 거의 금값이었습니다.

그런데 당시 지중해를 지배하던 세력은 이슬람 국가였던 오스만 제국입니다. 사이가 좋지 않은 오스만 제국이 지중해를 막고 버티고 있으니 무역에 돈이 많이 들고 어려움도 많았습니다.

이 때문에 많은 탐험가들이 동양으로 가는 새로운 길을 찾아 나섰는데 이것이 바로 신항로 개척이었지요. 이는 국가가 부강해지는 데도 도움이 되었으므로 절대 군주들 역시 탐험가들을 지원했습니다. 그 결과 새로운 무역 통로가 뚫리기 시작했습니다. 1492년 크리스토퍼 콜럼버스Christopher Columbus의 아메리카 대륙 발견 역시 아시아로 가는 길을 찾다가 엉뚱한 곳에 도착하여 이루어진 사건입니다.

신항로 개척 덕분에 유럽인들은 새로운 바닷길로 아시아와 아메리카, 아프리카 등지를 침략하여 식민지를 건설하고 무역이나 약탈을 통해 많은 물건을 들여오기 시작했습니다. 향료, 차, 코코아, 옥수수가 전래되었을 뿐만 아니라 금과 은도 엄청나게 들어왔습니다.

신항로 개척으로 시작된 무역의 발달은 부르주아 계급에게 많은 이윤을 남기며 성장하도록 돕는 발판이 되었습니다. 이렇게 성장한 경제력을 바탕으로 부르주아 계급은 새로운 시대의 주인공이 될 준비를 하고 있었습니다.

상업 자본주의, 자본주의 시대의 시작

유럽의 신항로 개척 후, 부르주아들은 식민지로부터 싼값에 많은 양의 원료를 들여올 수 있었고, 이를 가공해 파는 과정에서 엄청난 순이익을 얻을 수 있었습니다. 또한 향신료나 비단처럼 비싸게 팔리는 제품들을 쉽게 수입하면서 큰돈을 벌 수 있었습니다. 이렇듯 부르주아들은 주로 상업을 통해 자본을 쌓아 나갔습니다. 상품을 사고파는 유통 과정에서 이윤을 남긴 것이지요. 돈을 빌려주는 대가로 이자를 비싸게 받는 고리대금업도 이들이 돈을 버는 수단 중 하나였습니다.

렘브란트가 〈포목상 조합의 이사들〉을 그린 시대는 아직 자본주의가 본격적으로 꽃핀 시기는 아닙니다. 하지만 부르주아들이 경제를 이끌며 초기 자본주의의 모습이 나타나기 시작했지요. 당시 부르주아들은 상품의 생산에는 직접 관여하지 않고, 주로 상업을 통

상공업이 발달한 중세 유럽의 도시

해 자본을 축적했기에, 이 시기의 자본주의를 '상업 자본주의'라고 합니다. 이후 자본주의는 수많은 변화를 거치면서 오늘날까지 이어져 오고 있습니다.

부르주아는 경제 영역에서 자본주의라는 경제 체제를 이끌어 갈 뿐만 아니라 이후 사회의 각 영역에서 두각을 나타내며 근대 사회를 여는 중요한 역할을 하게 됩니다. 그들이 초기에 남긴 단체 초상화 〈포목상 조합의 이사들〉을 다시 한번 잘 들여다보세요. 검은 옷의 상인들은 초상화를 통해 무엇을 남기고 싶었을까요? 그들은 자신들의 계급이 역사상 그토록 중요한 역할을 하게 되리라고 예상했을까요?

정리 하기

1. 부르주아란 중세 시대에 성으로 둘러싸인 도시에 살며 상공업에 종사하던 시민들로부터 그 이름이 유래되었다.
2. 부르주아들은 절대 왕정 시대에 군주에게 경제적 지원을 하며 보호를 받았고, 신항로 개척으로 활발해진 무역에 종사하며 더욱 크게 성장했다.
3. 신항로 개척 이후 부르주아들은 주로 상업이나 수공업, 고리대금업 등을 통해 이윤을 남기며 자본을 쌓아 나갔는데, 이 시기의 자본주의를 상업 자본주의라고 한다.

부르주아와 프롤레타리아
그리고 마르크스

지니는 TV 드라마에서 주인공이 '나도 너처럼 부르주아가 되고 싶다'라고 말하는 장면을 보았다. 부르주아라면 중세와 근대 유럽의 부유한 계층이라고 배웠는데, 요즘도 어떤 사람을 가리켜 부르주아라고 말한다는 점이 의아했다.

지니　선생님, 부르주아라는 말을 요즘도 많이 쓰나요?

선생님　그럼. 아직도 많은 재산을 가진 사람들을 지칭해 부르주아라고 하지. 그 반대말도 자주 쓰여. 프롤레타리아proletariat라는 단어지.

지니　부르주아의 반대말이니, 재산이 없는 사람들을 이르는 말이겠지요?

선생님　그렇지. 정확히는 자본주의 사회에서 생산 수단을 가지지 못한 사람들을 이르는 말이야. 그들은 가진 것이 노동력뿐이라서, 생산 수단을 가진 자본가인 부르주아에게 고용되어 임금을 받으며 생활해 나가지. 프롤레타리아라는 계급을 중요하게 언급한 인물이 마르크스Karl Heinrich Marx란다.

지니　마르크스요? 『자본론』이라는 책으로 유명한 사람 아닌가요?

선생님　맞아. 마르크스가 살던 당시는 자본주의가 크게 발달한 때였어.

그러다 보니 자본주의의 여러 가지 문제점이 본격적으로 드러나던 시기이기도 했단다. 특히 노동 문제와 빈부 격차가 심각했지. 이에 마르크스는 '잉여 가치론'을 주장하면서 빈부 격차가 심화되는 당시 상황을 분석했어.

지니 잉여 가치론이요? 잉여는 남은 것이라는 뜻이죠?

선생님 그래. 마르크스가 말한 잉여 가치라는 건 이런 거야. 예를 들어 임금 노동자가 하루에 10시간 일을 해서 빵을 100개 만들었는데, 그를 고용한 자본가가 빵 20개 정도에 해당하는 임금만을 주었다고 해 봐.

지니 앗, 하루 10시간 일하는데 고작 빵 20개의 가치라니, 노동의 대가를 너무 적게 주는 것 아닌가요?

선생님 그렇지. 과거 자본가들은 노동자들에게 겨우 생존할 수 있는 만큼의 임금만 주었어. 빵 100개 중 80개의 가치는 결국 자본가의 이윤이 되지. 그게 바로 잉여 가치라는 거야. 이렇게 노동자를 착취하면서 자본가는 더 많은 자본을 쌓게 되는 반면, 노동자들은 필요한 상품을 살 능력을 점점 잃게 되지. 결국 시장 전체로 보면 상품은 공급되지만, 그것을 살 수 있는 수요가 부족해지는 거야.

지니 그러면 결국 자본가한테도 안 좋은 일 아닌가요?

선생님 그렇지. 이런 식으로 경제가 계속 안 좋아지면 자본가들은 노동자를 더욱더 착취하고, 자본가와 임금 노동자 사이의 갈등이 더욱 커지는 악순환이 발생해. 바로 이런 점 때문에 마르크스는 임금 노동자인 프롤레타리아 계급이 자본주의 사회를 뒤엎는 혁명을 일으켜 자본주의를 멸망시킬 수밖에 없다고 주장했어. 그리고 모

든 생산 수단을 개인이 아닌 국가가 소유하고, 경제 활동을 국가
가 계획하고 관리하는 공산주의 시대가 올 거라고 이야기했단다.

지니   자본주의가 멸망한다고요?

선생님   현실적으로 불가능했지. 하지만 마르크스의 말도 일부 실현되었
단다. 자본주의에 대항하는 프롤레타리아 혁명이 실제로 일어났
거든. 그리고 20세기의 많은 나라, 예를 들면 소련, 중국, 그리고
북한 등 많은 나라가 공산주의 국가였단다. 물론 현실적으로 공
산주의를 국가 운영에 적용하며 많은 문제점이 발생해 대부분 사
라지기는 했지. 현재는 북한과 베트남 정도의 국가만이 공산주의
를 유지하고 있어.

지니   마르크스의 사상은 정말 여러 나라에 큰 영향을 끼쳤네요.

카를 하인리히 마르크스(1818~1883)

고객의 항의를 받은
렘브란트의 〈야간 순찰〉

렘브란트가 그린 단체 초상화 가운데 가장 많은 우여곡절을 겪은 그림이 〈야간 순찰〉이라는 작품입니다. 암스테르담 민병대의 대장 프란스 반닝 코크와 그 대원들을 그린 그림이지요. 민병대원들은 새롭게 지어질 회의실에 자신들의 모습이 담긴 그림을 걸기 위해 돈을 모아 렘브란트에게 이 그림을 주문했습니다.

렘브란트는 이 단체 초상화를 마치 연극의 한 장면처럼 연출하여 그렸습니다. 이에 그림의 명암 대비가 뚜렷하고 그림 속 인물들도 역동적으로 표현되어 있습니다. 그러나 정작 그림을 주문한 사람들은 이 작품을 마음에 들어 하지 않았다고 합니다. 등장인물마다 비중이 너무 달랐고, 심지어 어떤 사람은 명암 때문에 얼굴이 가려졌기 때문이지요.

마치 오늘날 단체 사진에서 자신의 얼굴이 구석에 있거나 가려져 있으면 누군가 불평하는 것처럼 말입니다. 당시 민병대원들도 그러한 이유로 렘브란트에게 항의했습니다. 그래서인지 단체 초상화 화가로 명성을 날리던 렘브란트도 〈야간 순찰〉 이후 인기를 많이 잃었다고 합니다. 이런 평가를 의식했는지 이후 렘브란트가 그린 〈포목상 조합의 이사들〉은 상당히 점잖은 느낌입니다.

〈야간 순찰〉, 하르먼스 판 레인 렘브란트, 1642년

새로운 산업화 시대의
개막

#터너의 〈전함 테메레르의 마지막 항해〉로 본 산업 혁명

함선의 시대가 끝나고 증기선의 시대가 열리다

바다 멀리 희미하게 큰 함선이 보입니다. 함선의 이름은 테메레르. 한때 이 배는 영국의 자랑거리였습니다. 트라팔가르 해전Battle of Tra-falgar에서 영국의 허레이쇼 넬슨Horatio Nelson 제독이 나폴레옹이 이끄는 프랑스 군대를 물리치는 데 큰 활약을 했습니다.

하지만 그런 영광도 오늘로 끝입니다. 테메레르호는 이제 그 쓸모를 다하고, 해체를 위해서 다른 배에 끌려가는 신세가 되었습니다. 테메레르호를 끌고 가는 것은 불을 내뿜는 작은 증기선입니다. 마치 한 시대가 끝나고 새로운 시대가 열린 것을 알리려는 듯 말이지요.

이 작품은 영국의 화가 조지프 말러드 윌리엄 터너Joseph Mallord Wil-

〈전함 테메레르의 마지막 항해〉, 조지프 말러드 윌리엄 터너, 1838년

liam Turner가 그린 〈전함 테메레르의 마지막 항해The Fighting Temeraire〉입
니다. 터너는 영국인이 사랑하는 대표적 화가입니다. 어떤 이는 이
렇게 말했습니다. "영국 문학에 셰익스피어가 있다면 영국 풍경화
에는 윌리엄 터너가 있다."

　터너는 일찌감치 예술가로 인정받은 인물이었습니다. 열네 살
때 영국 왕립 아카데미에 입학했고, 스무 살 무렵에는 아카데미 전

람회에 유화를 출품했습니다. 서른 살 가까이 되어서는 이미 자신
이 하라은 내고 많은 그림을 주문받는 화가가 되었습니다. 현개 영
국에서 매년 뛰어난 예술가에게 주는 상의 이름도 그의 이름을 본
뜬 '터너상'입니다.

그런 터너가 자신의 대표작으로 꼽은 작품이 바로 〈전함 테메레
르의 마지막 항해〉입니다. '영국인들이 꼽은 가장 위대한 그림 1위'
를 차지한 작품이기도 합니다.

이 작품에서 테메레르호는 그림의 뒤편에 희미하게 표현되어 아
련한 느낌을 주기까지 하지요. 반면 앞에서 테메레르호를 이끄는
증기선은 비록 몸체는 훨씬 작지만, 엄청난 화력을 뿜내고 있습니
다. 마침 이 시각은 해 질 무렵인가 봅니다. 석양의 붉은빛과 노란
빛, 하늘의 파란빛이 조화롭게 표현되어 있습니다. 저무는 해는 스
러져 가는 테메레르호의 시대를 떠올리게 합니다.

한 시대가 저물어 간다는 것은, 새로운 시대가 등장하고 있다는
의미입니다. 다시 말해 함선의 시대가 끝나고 증기선의 시대가 열
린 것입니다. 이 증기선의 시대는 과연 어떻게 시작된 것일까요?

증기 기관의 발명과 함께 시작된 산업 혁명

터너가 그린 다른 작품, 〈비, 증기 그리고 속도 - 대 서부 철도Rain,
Steam, and Speed-The Great Western Railway〉라는 작품입니다. 비가 오는 날 다

〈비, 증기 그리고 속도 – 대 서부 철도〉, 조지프 말러드 윌리엄 터너. 1844년

리 위 철도를 달리는 증기 기관차의 모습을 담은 그림이지요. 터너는 〈전함 테메레르의 마지막 항해〉에 증기선의 모습을 담은 데 이어 이 그림에 증기 기관차까지 담아냈습니다. 아마도 전에 볼 수 없었던 빠른 속도를 자랑하는 교통수단에 큰 감명을 받았던 것 아닐까요? 터너가 살던 시대에는 전에 없던 일들이 벌어지고 있었습니다.

이 모든 변화의 시작은 증기 기관의 발명이었습니다. 가끔 주전자에 물을 끓이면 주전자 뚜껑이 들썩이는 것을 볼 수 있습니다. 증기의 힘이지요. 증기 기관은 이런 증기의 힘을 모으고 압축하여 저절로 기계를 움직일 수 있는 동력으로 바꿉니다. 물론 이 증기 기관은 이미 발명되긴 했지만 이전 것은 실용성이 떨어졌습니다. 1776년 기계 기술자 제임스 와트James Watt가 실용성을 갖춰 상업용으로 이용할 수 있는 증기 기관을 개발했습니다. 이것이 본격적인 혁명의 시작이었습니다.

증기 기관을 기차나 배에 달면 증기 기관차와 증기선이 탄생했습니다. 말이나 돛의 힘을 이용하던 예전보다 훨씬 빠르게 멀리 이동할 수 있었지요. 교통 기관의 혁명이었습니다. 전함 테메레르의 시대도 이 증기선의 시대가 열리면서 끝났던 것이지요.

증기 기관을 공장에서 이용하면 기계로 상품을 만들어 낼 수 있었습니다. 기계를 이용해 상품을 만들 수 있게 되면서 산업에도 큰 변화가 일어났습니다. 특히 이 변화가 시작된 산업 분야가 직물을 만드는 공업이었습니다. 동력을 이용해 실을 짜 직물을 만드는 방직기와 재료에서 실을 뽑아내는 방적기 등이 발명되면서 예전보다 많은 면직물을 빨리 만들어 낼 수 있게 되었습니다. 같은 종류의 상품이 짧은 시간 안에 더 많이 만들어지는 대량 생산의 시대가 시작된 것입니다. 이런 변화는 직물 공업에서 점차 다른 산업으로 퍼져 나갔습니다.

공업이 발달하면서 농촌의 젊은이들 다수가 일을 찾아 도시로 넘어왔습니다. 이제는 농촌에서 농사를 짓는 것보다 도시에서 할 수 있는 일이 더 많기 때문이었습니다. 이에 주요 산업은 농업에서 공업으로 바뀌었습니다. 이렇게 18세기에 일어난 일련의 기술과 공업의 발달을 일컬어 산업 혁명이라고 합니다.

애덤 스미스, 새로운 시대를 이끄는 사상을 발표하다

와트가 상업용 증기 기관을 만들어 내던 1776년, 경제학의 역사에서 중요한 한 권의 저서가 출간됩니다. 저자는 한때 영국 글래스고 대학의 논리학과 도덕 철학 담당 교수였는데, '국가의 부를 늘리는 방법은 무엇인가?'에 대한 의견을 담아 이 책을 발표했습니다. 이후 이 책은 경제학이라는 학문을 활짝 연 시작점이 되었고, 저자는 후대에 '경제학의 아버지'로 불리게 됩니다. 이 저서의 제목은 『국부론』, 저자의 이름은 애덤 스미스Adam Smith 입니다.

애덤 스미스는 『국부론』에서 16~18세기에 존재했던 절대 왕정의 경제 정책을 비판했습니다. 당시 절대 왕정은 국가의 부를 쌓는다는 명분 아래 시민들의 경제 활동에 많은 간섭을 하고 있었습니다. 국내의 상품은 되도록 많이 수출하고, 세금을 높게 매겨 수입품이 많이 들어오는 것을 막고, 수입품을 대체할 상품을 국내에서 만들도록 장려했습니다. 국가가 경제 활동의 주체가 되어 적극적으로 시민들의 경제 활동에 개입했습니다.

애덤 스미스는 이러한 상황을 비판하면서, '국가가 경제에 일일

애덤 스미스(1723~1790)

이 간섭하지 말라'고 조언했습니다. 국가가 자유로운 경제 활동을
보장만 한다면, 시장을 통해 모든 문제가 저절로 해결될 수 있다는
주장이었지요.

정말 이런 일이 가능한 것일까요? 예를 들어 봅시다.

빵집 주인이 온종일 열심히 빵을 만듭니다. 왜 이런 일을 할까요?
'국가의 부를 쌓기 위해 열심히 일해야지!'라는 생각으로 일하는 걸까요? 아닙니다. 그저 빵을 팔아서 돈을 벌기 위해, 개인의 이익을 추구하기 위해 생산하는 것일 뿐입니다. 국가나 사회의 이익을 특별히 염두에 두고 있는 것은 아니지요.

이제 열심히 만든 빵을 시장에 내다 팝니다. 빵의 품질과 가격이 만족스러우면 누군가가 이 빵을 사겠지요. 빵을 필요로 하는 사람들이 빵집 주인이 제시한 가격에 빵을 사면서 상품이 자연스럽게 배분됩니다. 빵집 주인은 빵을 사 간 사람에게서 돈을 받고, 이윤을 남기게 되지요. 모두가 만족스러운 결과를 얻게 됩니다.

다른 생산자들도 마찬가지입니다. 정육점 주인도, 대장간 주인도 모두 개인의 이익을 위해서 열심히 일합니다. 모든 사람이 자신의 이익을 위해서 노력한 결과, 나라 전체의 생산이 활발해지고, 시장에서 거래가 활발히 이루어집니다. 이렇게 활발한 생산과 소비, 분배의 과정을 통해서 국가는 자연스럽게 부를 쌓아 나가게 되지요. 공공의 이익이 자연스럽게 실현되는 것입니다.

이 같은 이상적인 상황은 어떻게 이루어지는 것일까요? 애덤 스미스는 이런 상황을 '보이지 않는 손'이 이끈다고 했습니다. 한마디로 보이지 않는 손은 시장 가격을 말합니다. 시장 가격은 누가 강제하지 않아도 한정된 자원을 가장 필요한 사람부터 순서대로 나누어 주는 마법을 부립니다. 효율적인 자원 배분이 저절로 이루어지는 것이지요.

'보이지 않는 손'이 많은 일을 해결하니 국가는 섣불리 시장에 간섭하지 않아도 됩니다. 개인들이 자유롭게 경제 활동을 하도록 놓아둘 필요가 있다는 것이지요. '놓아둔다'는 것을 흔히 '방임'이라고 표현하지요. 그래서 애덤 스미스의 생각에서 비롯된 경제 사상을 '자유방임주의'라고 부릅니다.

애덤 스미스로부터 비롯된 자유방임주의 사상에 따라 18~19세기에는 국가가 시장이 저절로 일하도록 내버려 두어야 한다는 생각이 널리 퍼졌습니다. 국가가 해야 하는 역할은 아주 제한적이었죠. 외적이 쳐들어왔을 때 나라를 지키거나(국방) 남의 목숨이나 재산을 가로채는 범죄가 있을 때 이를 막는 것(치안) 정도가 당시 국가가 할 수 있는 역할이었습니다. 이렇게 국방이나 치안 등 최소한의 업무만 하는 국가를 밤 야夜, 경계할 경警을 써서 '야경국가'라고 합니다.

이런 국가관에 따르면 정부는 하는 일이 제한적이니 규모가 클 필요도 없었죠. 그래서 이 시기에는 각 국가가 작은 정부를 추구하게 됩니다.

증기 기관과 『국부론』이 이끈 새로운 시대

1776년에 일어난 두 사건, 증기 기관의 발명과 애덤 스미스의 『국부론』 출간 이후 유럽 세계는 큰 전환을 맞습니다. 산업 혁명이 일어난 덕분에 새로운 자본주의의 시대가 열리게 되고, 애덤 스미스로부터 비롯된 자유방임주의는 이 새로운 자본주의 시대를 뒷받침하는 사상이 되었습니다. 이 새로운 자본주의를 우리는 '산업 자본주의'라고 일컫습니다.

1. 산업 혁명이란 증기 기관의 발명에서 시작되어 교통 기관 및 산업 분야에서 이루어진 기술의 혁신을 말한다.
2. 애덤 스미스는 『국부론』을 통해 국가가 시장에 간섭하지 않고 자유로운 경제 활동을 보장하면 시장 가격에 의해 효율적인 자원 배분이 가능하다고 주장했다. 이러한 애덤 스미스의 자유방임주의 사상은 산업 자본주의와 고전 경제학의 토대가 되었다.
3. 자유방임주의 사상에 따라 국가는 치안과 국방 등 질서 유지의 역할만 하면 된다고 보았고, 이런 국가를 야경국가라고 한다.

방탄소년단과 4차 산업 혁명

방탄소년단이 외국 유명 시상식에서 큰 상을 받았다. 인터넷으로 보고 있던 지니는 수많은 외국 팬들이 큰 환호성을 지르자 새삼 놀라우면서도, 우리나라 가수가 아시아를 넘어 전 세계적으로 폭발적인 인기를 끌고 있다는 점이 자랑스러웠다.

지니   방탄소년단이 세계인의 사랑을 받다니 정말 신기해요.

선생님   그러게. K-POP 가수가 어떻게 세계적인 성공을 거뒀을까?

지니   일단 노래와 춤 실력이 대단하니까요. 그리고 SNS로 팬들과 꾸준히 소통하고 다양한 콘텐츠를 만들어 낸 것도 중요한 원인이 아닐까요?

선생님   그래. 그런 걸 보면 정말 4차 산업 혁명 시대가 왔음을 실감할 수 있지.

지니   4차 산업 혁명이요?

선생님   그래. 산업 혁명은 18세기 후반 영국에서 시작된 이래, 전기의 발명으로 대량 생산이 가능해진 19세기 후반에서 20세기 초의 2차 산업 혁명, 컴퓨터와 인터넷 기술이 발달한 20세기 후반의 3차 산업 혁명으로 이어졌어. 30여 년 전만 하더라도 손으로 작성하던

성적표나 생활 기록부를 지금은 전산으로 기록하지. 이것도 3차 산업 혁명 덕분이야. 최근에는 인공 지능의 등장과 함께 4차 산업 혁명의 시대가 다가왔지.

지니 변화가 점점 더 빨라지는 것 같아요. 그럼 4차 산업 혁명은 구체적으로 무얼 말하나요?

선생님 4차 산업 혁명은 정보 통신 기술이 더욱 본격적으로 발달하고 융합되는 변화를 말한단다. 4차 산업 혁명의 특징 중 하나가 '초연결'이야. 전 세계 사람들이 이제 인터넷 네트워크를 통해 소통할 수 있잖니? 이렇게 전 세계 사람들이 공간적으로 멀리 떨어져 있어도 긴밀하게 연결되는 시대가 온 거야. 방탄소년단도 이런 네트워크를 통해 다른 나라 팬들에게 음악을 들려주고, 무대도 보여 줄 수 있었지.

지니 생각해 보면 정말 신기하긴 해요. 이제는 전 세계 사람들이 한국 가수의 무대를 보고 음악을 파일로 내려받아 들을 수 있는 시대가 된 거잖아요.

선생님 놀랍고 신기한 일은 앞으로도 계속 일어날 거란다. 4차 산업 혁명은 앞으로도 계속될 거니까 말이야. 일상의 여러 가지 사물이 인터넷으로 연결되고, 사람 대신 로봇이 공장에서 물건을 만들고, 인공 지능이 운전하는 자동차를 탈 수도 있단다. 언젠가는 인공 지능이 스포츠 심판을 보거나 환자를 치료할 수도 있으리라는 전망도 있지.

지니 정말 믿기 어렵지만, 4차 산업 혁명 덕분에 외국 팬들과 방탄소년단 영상을 공유하면서 즐기게 된 건 너무 좋아요!

007 영화에 등장한
〈전함 테메레르의 마지막 항해〉

영국의 국민 화가이자, 대표적인 풍경 화가로 꼽히는 사람이 윌리엄 터너입니다. 그는 어린 나이에 영국 왕립 아카데미 회원이 된 천재였고, 젊은 시절부터 많은 그림을 팔아 성공한 화가였습니다.

터너는 영감을 얻기 위해 평생 영국은 물론 스위스나 이탈리아 등 여러 나라를 여행했습니다. 그런 경험에서 비롯된 그의 그림은 빛, 일몰, 일출에 따라 달라지는 웅장한 자연의 아름다움이 흐릿한 형태와 투명한 빛으로 표현되어 큰 감동을 줍니다.

한편 역사, 신화, 정치, 문학 등 다방면에서 지성을 갖추었던 터너는 자신이 살고 있는 시대에도 깊은 관심을 가져 워털루 전투Battle of Waterloo나 산업 혁명을 이끈 증기 기관의 출현 등 역사상 중요한 사건을 화폭에 담기도 했습니다.

터너의 대표작 〈전함 테메레르의 마지막 항해〉에도 증기선이 테메레르호를 선박 해체장으로 끌고 가는 장면이 나옵니다. 이 작품은 영화에도 등장했는데, 바로 '007 시리즈'의 2012년 작 〈007 스카이폴Skyfall〉이라는 영화입니다. 이 영화에서 제임스 본드James Bond는 무기 개발자 Q와 미술관에서 비밀리에 만납니다. 〈전함 테메레르의 마지막 항해〉 앞에서 의미심장한 대화를 나누던 중, Q는 테메레르호를 가리키며 "위대했던 전함이 불명예스럽게 끌려가는 모습이라니, 정말이지 세월이란 어쩔 수 없나 봐요"라고 말합니다.

〈바다의 어부Fishermen at Sea〉, 조지프 말러드 윌리엄 터너, 1796년경
터너가 20세에 왕립 아카데미에 출품하여 많은 사람들의 호응을 받은 작품으로, 빛의 묘사가 뛰어나다.

사실 이 영화에서 테메레르호는 제임스 본드의 처지를 나타내는 존재로 묘사됩니다. 트라팔가르 해전에서 영국을 승리로 이끌었지만, 시대가 바뀌며 예전의 찬란했던 영광을 잃은 테메레르호, 그리고 초인적 활약으로 국가와 세계를 구해 왔지만, 이젠 임무에 실패하면서 은퇴할 위기에 놓인 제임스 본드. 새로운 시대가 열리며 쓸쓸한 최후를 맞는 테메레르호의 모습이 힘을 잃어 가는 영웅과 겹쳐지며 더욱 진한 여운을 줍니다.

산업 자본주의의
빛과 그늘

#피사로의 〈퐁투아즈 근교의 공장〉으로 본
산업 자본주의의 성장과 문제점

공장 굴뚝에서 나오는 매연을 담은 풍경화

아름다운 강이 흐르는 주변으로 나무와 꽃들이 자리 잡고 있습니다. 그렇지만 화가가 이 그림에 담고자 한 것은 아름다운 자연 풍경이 아닙니다. 그림 한가운데 자리 잡은 공장과 굴뚝이지요.

이 그림은 풍경화 하면 흔히 떠오르는 농촌의 논과 밭이나 목가적인 풍경을 주로 담았던 과거의 풍경화들과 다릅니다. 이 그림을 그린 화가 카미유 피사로Camille Pissarro 는 풍경을 현실 그대로 담고자 하는 신념에 따라 주변의 풍경을 미화하지 않고 있는 그대로 화폭에 담았습니다. 굴뚝에서 연기를 내뿜는 공장의 모습이 이전과는 달라진 사회상을 짐작하게 하지요. 작품의 제목 역시 〈퐁투아즈 근교의 공장The Factory at Pontoise〉입니다.

〈퐁투아즈 근교의 공장〉, 카미유 피사로, 1873년

퐁투아즈는 프랑스의 북서부에 있는 지역입니다. 1870년에 일어난 프로이센과 프랑스 간의 전쟁 때문에 피사로는 퐁투아즈로 피신하게 되었습니다. 피사로는 이 전원 마을을 마음에 들어 했습니다. 하지만 프랑스가 영국 산업 혁명의 영향을 받아 산업화를 이루어 가는 시대였기에 퐁투아즈 역시 유황 공장이 들어서는 등 많은 변화를 겪었습니다. 공장이 내뿜는 매연도 일상적인 것이 되어 갔습니다.

사실 피사로가 그림을 그리기 몇 년 전만 하더라도 공장 굴뚝이 풍경화에 나온다는 것은 상상하기 어려운 일이었습니다. 산업화가 퐁투아즈라는 작은 마을에도, 또 풍경화의 소재에도 큰 변화를 가져온 것이지요.

산업 혁명이 일어난 18세기를 전후해서 인류의 역사는 크게 바뀌었습니다. 공장이 들어서고 기술이 발달하면서 식량이 늘고 평균 수명이 연장되었습니다. 이로 인해 전 세계 인구도 급격히 불어났습니다. 산업 혁명이 지속되던 19세기에 유럽의 인구가 2배 이상, 영국의 인구가 3배 이상 증가했습니다. 전 세계 경제력의 90% 이상이 산업 혁명 이후에 축적되었다는 사실은 산업 혁명이 인류 역사에서 얼마나 중요한 사건인지 짐작하게 해 줍니다.

산업 혁명의 영향은 기술의 발달과 부의 축적에 그치지 않았습니다. 산업 자본주의로 부를 쌓은 부르주아들, 이들이 산업 혁명기의 주인공이 되었습니다.

산업 자본주의 시대에 부르주아들은 주로 상업을 통해서 돈을 벌어들였습니다. 이때는 상품을 만들 수 있는 기술을 가진 사람들이 꼭 필요했지요. 이 사람들에게 상품을 주문하고 돈을 지불한 다음, 이것을 내다 팔면서 돈을 벌었습니다.

하지만 산업 혁명이 진행된 이후 자본가들은 직접 제조업에 뛰어들었습니다. 축적된 자본을 바탕으로 공장과 기계를 갖추고 노동자를 고용해 물건을 만들어 팔면서 이윤을 남겼습니다. 노동자를 고용해 상품을 대량으로 생산한 다음, 시장에 내다 팔면 이윤이 남았습니다. 예전처럼 시장에서 누가 무엇을 얼마나 살 것인지 미리 주문받을 필요도 없었습니다. 시장에서 무엇이 잘 팔릴지 예측해서 대량으로 생산하면 되었으니까요.

이렇게 산업 혁명 이후에 나타난 자본주의는 이전의 것과 완전히 달랐습니다. 이 과정에서 자본가인 부르주아들은 더 큰 부자가 되었습니다. 정치적·사회적 힘도 커졌습니다. 부르주아들은 국가에 더는 많은 세금을 내면서 정치적 간섭을 받지 않으려고 했습니다. 이런 이유로 일어난 사건이 시민 혁명입니다. 시민 혁명이란 영국, 미국, 프랑스 등에서 시민들이 주도하여 절대 왕정을 무너뜨린 사건이지요. 이것을 주도한 계급이 바로 부르주아였고, 이후 부르주아들은 정치적인 힘도 가지게 되었습니다.

산업 자본주의의 문제가 드러나기 시작하다

문 공장이 바쁠 때 소녀들은 아침 몇 시에 공장에 출근합니까?

답 바쁠 때는 약 6주간인데, 새벽 3시에 나가 일을 끝내는 시간은 밤 10시에서 10시 반 사이입니다.

문 19시간이나 일하는 중에 휴식 시간은 얼마나 됩니까?

답 아침 식사에 15분, 점심에 30분, 차 마시는 데 15분입니다.

문 이렇게 극단적인 노동을 하는 아이들을 아침에 깨우는 것이 무척 힘들지 않습니까?

답 그렇습니다. 아침 일찍 아이들을 일터로 보내야 할 때 몸단장을 시키기 위해 침대에서 내려오게 하려면, 잠자고 있는 아이를 안고 흔들어야 했습니다.

—「영국 의회가 작성한 아동 노동 실태 조사 보고서」, 1830.

여러분은 새벽 3시에 일하러 나가 밤 10시까지 총 19시간 일하는 생활을 상상해 본 적이 있나요? 19시간 중 고작 총 1시간을 휴식 시간으로 쓸 수 있는 상황입니다.

위의 아동 노동 실태 조사 보고서에 의하면 이 질문에 답해 준 사람은 스물세 살의 사무엘 쿨슨이라는 노동자입니다. 그 역시 여섯 살 때부터 스무세 살까지 끊임없이 일해 왔고, 일을 게으르게 한다고 종종 채찍질까지 당했습니다. 방적기를 다루는 일을 하면서 무릎이 휘었고 발목도 휘어졌습니다. 심지어 그의 세 딸도 가난 때문에 어린 나이부터 노동을 해 돈을 벌어야 했습니다. 딸아이 중 한 명은 일하던 중 톱니바퀴에 집게손가락이 빨려 들어가 결국 손가락을 절단해야 했습니다. 이 때문에 5주간 치료를 받았지만, 그동안 임금은 한 푼도 받지 못했지요.

이것이 산업 혁명 초기 노동자들이 처한 일반적인 현실이었습니다. 왜 이런 일이 벌어졌을까요?

산업 자본주의 아래에서 자본가들은 많은 부를 쌓아 가는 반면 노동자들은 약자의 위치에 있었습니다. 농촌에서 도시로 쏟아져 나온 노동자들은 많았고, 이들은 낮은 임금을 받더라도 먹고살기

1909년 공장에서 일하는 어린이들

위해서 일을 해야 하는 처지였습니다. 반면 자본가들은 굳이 숙련된 기술을 갖춘 노동자가 아니더라도 기계를 다룰 수만 있다면 성인 남성뿐 아니라 여성이나 아이들도 고용할 수 있었습니다. 게다가 여성이나 미성년 아동의 경우에는 임금을 많이 주지 않아도 되었습니다. 이렇게 임금을 적게 주고 오래 일하게 하면 자본가들은 자신의 이윤을 늘릴 수 있었지요. 그 결과 여섯 살 아이들도 10시간이상씩 일하는 비극이 일어났던 것입니다.

당시 노동 조건은 참으로 엉망이었습니다. 1842년 영국의 법률가인 에드윈 채드윅Edwin Chadwick이 '노동자 계급의 위생 상태'에 대해 조사한 보고서에 따르면 당시 영국의 공업 도시 리버풀Liverpool의 노동자 계급의 평균 수명은 고작 15세였다고 합니다. 현재 우리나라로 치면 중학생 정도의 나이죠.

지금보다 의료 기술이나 영양 상태가 부족했다는 점을 고려하더라도, 지주나 부르주아 계급의 평균 수명에 비하면 정말 턱없이 수명이 짧았습니다. 노동자 계급의 아이들은 6~7세의 나이부터 노동 현장으로 내몰려 열악한 환경에서 일하다가 일찍 생을 마감했던 것입니다.

불공평한 조건 아래에서 노동자와 자본가 사이의 대립이 심각해졌고, 이것은 사회 불안을 야기했습니다. 노동자들은 점차 자신들끼리 힘을 모아 자본가에게 대항해야겠다고 생각하기 시작했습니다. 혼자보다는 단체가 더 큰 힘을 낼 수 있으니까요. 그리하여 19세기 말부터 영국, 프랑스, 미국 등등에서 노동조합이 탄생했습니다. 노동자들은 단체로 파업을 하거나 시위를 하는 등의 방법으로 자본가들에게 대항했습니다.

산업 자본주의가 낳은 새로운 문제들

산업 혁명이 진행될수록 전에 없던 많은 문제가 드러났습니다. 앞서 본 빈부 격차와 노동 문제가 대표적이었지만, 이뿐만 아니라 독과점이나 환경 오염, 도시 문제 등이 생겨났습니다.

애초에 애덤 스미스가 가정한 시장은 완전히 공정한 경쟁 규칙이 존재하는 시장이었습니다. 이런 경쟁 규칙이 있는 곳에서는 수

많은 기업이 경쟁하면서 소비자도 가장 효율적인 가격에 상품을 살 수 있고, 공급자인 기업도 적절한 대가를 받아 갈 수 있었습니다. 누구도 쉽게 가격을 올리거나 내릴 수 없는 시장이었지요.

하지만 현실은 달랐습니다. 실제로는 하나의 기업이 시장을 독점하는 독점 시장 혹은 소수의 기업이 시장을 지배하는 과점 시장이 나타났습니다. 독점이나 과점 시장 하에서 공정한 경쟁 규칙은 존재하지 않았지요. 이런 점에서 애덤 스미스의 자유방임

산업 혁명 당시 런던의 부랑아들. 템스강 아래 진흙을 뒤져 쓸모 있을 만한 것을 찾고 있다.

주의 사상은 현실의 문제를 해결하는 데 한계를 지닌 이론이라는 비판을 받습니다.

독점이나 과점 기업은 시장 가격을 자신들이 원하는 대로 정할 힘이 있었습니다. 예를 들어 우유 시장에 우유 회사가 단 하나일 경우, 이 우유 회사는 자신들에게 유리하게 가격을 설정할 수 있었죠. 소비자들이 다른 곳에서 우유를 사 먹을 방법은 없었습니다. 독과점 기업들이 결국 원하는 바는 자신들의 이윤을 더 많이 남기는 것이었고, 그러기 위해서는 상품의 가격을 올려야 했습니다. 소비자들은 높은 가격을 받아들일 수밖에 없었습니다. 이런 과정에서 자

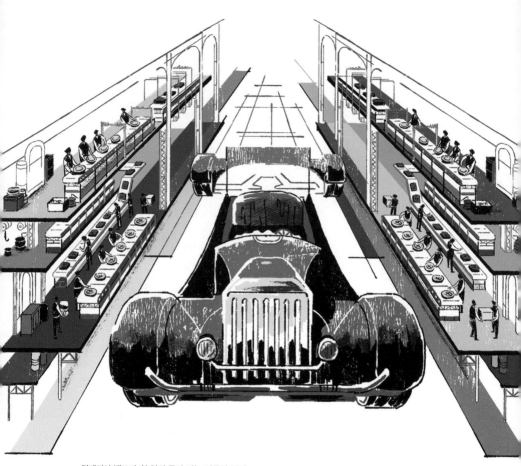

컨베이어 벨트가 쉼 없이 돌아 가는 자동차 공장

유로운 경쟁은 점점 사라지고 소수의 독과점 기업들은 그 몸집을
더욱 키워 갔습니다.

환경 오염도 심각해졌습니다. 피사로의 〈퐁투아즈 근교의 공장〉
에 등장하는 풍경처럼 곳곳에 공장이 세워졌습니다. 공장은 매연을

내뿜고, 강에 폐수를 흘려 보냈습니다. 이러한 매연이나 폐수 문제를 딱히 해결할 주체도 없었습니다.

대기 오염 역시 심각해졌습니다. 산업 혁명이 일어난 2세기 후 1952년 겨울 런던 상공에 5일 동안 스모그 현상이 나타나기도 했지요. 스모그smog란 스모크smoke와 포그fog가 합쳐진 말로, 대기 오염 물질로 하늘이 뿌옇게 보이는 현상을 말합니다. 산업 혁명 이후 석탄 연료를 사용하게 되면서 매연이 발생하고, 이 공기 속 오염 물질이 안개 모양으로 형성되는 스모그가 종종 나타났습니다. 유독 스모그 현상이 심했던 1952년 영국에서는 몇 주 동안 노인, 어린이, 만성 질환 환자 등 사망자가 1만 2000명에 이르기도 했습니다. 아무도 예측하지 못한 비극이었죠.

도시 문제 역시 심각한 사회 문제로 대두했습니다. 산업 혁명이 진행되면서 영국 런던의 인구는 50년 만에 6배로 급증했습니다. 이렇게 많은 사람이 생활하게 되면서 오수가 흘러나왔고, 쓰레기가 곳곳에 쌓였습니다.

가장 큰 문제는 환경 오염이나 도시 문제를 막을 방도가 없었다는 점입니다. 공장이 폐수나 매연을 배출하는 양을 조절할 만한 법이나 제도가 마련되지 않았고, 국가가 환경 오염 정화 시설이나 하수도, 쓰레기 처리장 같은 것을 적극적으로 만들지도 않았습니다. 자유방임주의 아래에서 작은 정부, 야경국가를 지향했기 때문입니다.

변질된 자본주의, 세계를 시장으로 만들다

이렇듯 완벽하게 통제될 것처럼 보이던 자본주의 시장 경제는 빈부 격차, 노동 문제, 독과점, 환경 오염 등 여러 사회 문제를 낳으며 점차 변질되어 갔습니다. 특히 20세기 초에는 독점 자본주의라는 괴물이 등장하게 됩니다.

산업 혁명으로 시작된 산업 자본주의는 점차 사회의 지배적 체제로 성장하며 전 세계적으로 영향력을 확대해 나갔습니다. 자본주의가 발전을 거듭하며 경쟁이 치열해지자 경쟁에 유리한 소수의 대기업만이 살아남게 되었지요. 거대 기업들이 독점적으로 경제적 지배력을 가지게 되었는데, 이러한 성격의 자본주의를 '독점 자본주의'라고 합니다.

거대 기업들은 생산을 더욱 늘릴 수 있도록 원료를 원활하게 공급받는 한편, 그렇게 만들어 낸 상품을 많이 팔 수 있는 큰 시장이 필요했습니다. 그래야 더 많은 이윤을 낼 수 있었으니까요. 이때 거대 기업을 거느린 강대국들은 값싼 원료 공급지이자 거대한 시장으로 삼을 수 있는 식민지를 건설하는 방편을 찾아냈습니다.

이와 같이 힘이 강한 나라가 다른 나라를 침략하고 식민지로 만들어 착취하려는 사상이나 정책을 '제국주의'라고 합니다. 19세기부터 20세기 초반은 그야말로 제국주의의 시대였습니다.

하지만 이내 제국주의 국가들 사이에서 식민지 다툼이 격렬해졌고, 결국 유럽의 강대국들을 중심으로 전에 볼 수 없었던 큰 규모의

전쟁이 일어났습니다. 인류사의 큰 비극으로 손꼽히는 이 사건이
바로 제1차 세계대전(1914~1918)입니다.

〈퐁투아즈 근교의 공장〉을 그렸던 피사로는 공장과 굴뚝 연기를
화폭에 담으며 무슨 생각을 했을까요? 인류의 새로운 진보와 번영
을 맞이하기 위한 땀과 열정이 떠올랐을까요? 굴뚝에서 나오는 연
기가 마치 큰 전쟁의 신호탄으로 보이는 것은 단지 후대의 감상일
뿐일까요?

**정리
하기**

- -

1. 제1차 산업 혁명과 자유방임주의 사상의 영향을 받아 산업 자본
   주의가 발달했다. 이 시대에는 산업 자본을 가진 부르주아들이
   공장과 기계 등 생산 수단을 갖추고 노동자를 고용하여 생산하
   며 부를 쌓았다.
2. 산업 자본주의가 진행되면서 노동 문제와 빈부 격차, 환경 문제
   와 도시 문제 등 새로운 문제들이 발생했다.
3. 독점 자본주의란 산업 자본주의가 변질되어 소수의 독점 기업
   이 지배적인 힘을 가지게 된 상태를 말하며, 이때 강대국들은 식
   민지를 넓히는 제국주의 정책을 펼쳤다.

길에서 맡는 담배 연기, 막을 수 없을까?

지니는 등굣길에 불쾌한 경험을 했다. 우연히 담배를 피우는 아저씨와 같은 길을 걸으며 담배 냄새를 피할 수 없었다. TV에서 본 간접흡연의 폐해를 떠올리며 원망하는 마음이 들었지만 아무 말도 할 수 없었다.

지니 선생님, 길거리 흡연은 의도하진 않았다고 해도 다른 사람에게 피해를 주니까 문제가 있는 것 같아요.

선생님 그래. 그래서 길거리 흡연을 막는 규제가 늘고 있지. 경제학에서는 어떤 경제 주체의 활동이 의도한 것은 아니지만, 제삼자에게 피해를 주거나 이익을 주는 상황을 일으키는 효과를 '외부 효과'라고 해.

지니 아, 그런데 왜 외부 효과라고 하는 건가요?

선생님 시장은 기본적으로 교환이 이루어지는 곳이야. 그런데 길거리 흡연처럼 자신의 행위에 대가를 치르지 않는 건 시장 내부의 일이라고 볼 수 없거든. 외부의 일이 어떤 영향을 미치는 것이기 때문에 외부 효과라고 하는 거지. 시장 외부에서 다른 경제 주체들에게 손해를 발생시키는 행위를 부정적 외부 효과라고 해. 공장에서 발생하는 매연이나 공사로 인한 소음 등이 그 예야.

지니 어, 그럼 긍정적 외부 효과도 있나요?

선생님 독감 예방 접종을 예로 들 수 있어. 이 행위는 자신의 건강을 위한 일이면서도 타인에게 독감을 옮길 가능성을 줄이므로 의도하지 않게 제삼자에게 이익을 주게 되지.

지니 이야, '꿩 먹고 알 먹고'네요! 그렇게 유익한 행위가 우리 사회에 더 많아지면 좋겠어요!

선생님 근데 유익한 경제 행위는 시장에만 맡길 때는 쉽게 일어나지 않는단다. 예를 들어 누구나 무료로 쉴 수 있는 공원, 편리하게 이용할 수 있는 철도나 도로가 만들어진다면 많은 사람이 행복과 만족감을 얻겠지. 그런데 공원이나 철도, 도로를 만드는 일을 개개인에게만 맡겨 놓으면 어떨까? 그 일에는 아주 많은 돈이 들 뿐만 아니라, 그것을 만든 개인에게 직접 이익을 주지 않으므로 사회적으로 필요한 것보다 적게 건설될 수밖에 없지.

지니 아, 그래서 정부가 나서서 공원이나 철도, 도로를 만드는군요!

선생님 그렇지. 긍정적 외부 효과를 더 많이 창출하려면 정부가 적극적으로 개입해야 해. 물론 환경 오염 같은 부정적 외부 효과를 줄이려고 할 때도 정부의 역할이 필요하단다. 길거리 흡연 금지법 등 각종 제도를 만들어 길거리 흡연을 줄이고자 하는 것처럼 말이야.

제국주의를 풍자한
그림들

19세기 유럽의 영국, 프랑스, 독일과 미국 등 여러 강대국은 독점 기업을 내세워 식민지를 확대하기 위해 경쟁했습니다. 한편 이런 제국주의 열강에 맞서 그들이 세계를 나누어 갖는 세태를 고발하고 비판하는 풍자화가 많이 등장했습니다.

첫 번째 그림은 〈문어가 된 존 불John Bull as the Octopus of Imperialism〉이라는 작품입니다. 존 불은 오래전부터 '영국'을 상징하는 가상의 캐릭터였습니다. 이 그

영국의 제국주의를 풍자한 〈문어가 된 존 불〉, 1882년

〈식민지를 지배하는 방법〉, 토마스 하이네Thomas T. Heine, 1904년

림에서 존 불은 문어로 묘사되는데, 그가 다리를 걸치고 있는 곳은 바로 이집 트, 인도, 캐나다, 자메이카 등 영국이 식민지로 삼은 나라들입니다. 제국주의를 내세우며 세계 곳곳에 식민지를 넓히려는 탐욕스러운 영국의 모습을 풍자한 것 이지요.

두 번째 그림은 독일의 잡지에 실린 풍자화입니다. 〈식민지를 지배하는 방법 Colonial Powers〉이라는 제목의 이 작품에서는 커다란 기계 위에 아프리카인이 누 워 있습니다. 옆에 서 있는 백인 자본가는 그의 입에 술을 붓고, 군인은 기계를 돌려 그의 몸에서 금화를 쥐어짜 내며, 성직자는 그저 성경을 읽고 있습니다. 이 끔찍한 장면은 서구 열강이 아프리카와 같은 식민지를 침략하고 약탈하면서 원료 공급지와 상품 시장으로 삼은 일을 풍자하고 있습니다.

경제 대공황 뒤의
고독한 사람들

#호퍼의 〈밤을 지새우는 사람들〉로 본 경제 대공황

현대인의 일상 속 허무를 그리다

이미 깊은 밤인지 길거리에는 인적 하나 없습니다. 어둑한 밤, 길모퉁이에 식당 하나가 불을 밝힌 채 영업 중입니다. 영업을 하기는 하지만, 이 넓은 식당도 사람이 북적이지는 않습니다. 식당 종업원 외에 손님은 단 세 명뿐이라 휑한 느낌을 줍니다. 종업원 앞에 앉아 있는 젊은 남녀는 다정한 연인이라기에는 너무도 무심한 표정으로 종업원을 바라보고 있습니다. 서로를 바라보며 다정하게 이야기를 나누는 분위기는 아닙니다. 그들과 조금 떨어져 홀로 앉아 있는 남자는 모자를 푹 눌러 쓴 채 술잔을 앞에 놓고 가만히 어딘가를 응시하고 있습니다. 종업원 역시 그저 자기 할 일을 할 뿐이지요. 그 누구도 다른 사람과 마음을 열고 깊은 대화를 나누고 있지 않지요.

그림에 묘사된 밤 풍경은 많은 사람들이 북적이며 살아가는 대도시의 또 다른 모습을 보여 줍니다. 도시는 쓸쓸함과 외로움을 쉽게 느낄 수 있는 공간입니다. 복잡한 길거리와 커다란 빌딩 어디에서나 사람들을 만날 수 있고 그 속에서 부대끼며 생활하지만, 정작 그 많은 이들의 이름이 무엇인지, 사는 곳이 어딘지는 모르니까요. 실은 서로가 서로에게 관심을 두는 일이 없기도 합니다. 이러한 무관심과 익명성에서 오는 소외감, 공허함은 현대 도시인의 대표적인 정서일 것입니다.

　　〈밤을 지새우는 사람들Nighthawks〉을 통해 도시인의 고독을 탁월하게 포착한 작가는 미국 사실주의를 대표하는 에드워드 호퍼Edward Hopper 입니다. 그는 자신이 살던 20세기 당시 미국의 분위기를 반영한 작품을 많이 그렸습니다. 특히 사람이 없는 주유소, 호텔 방에 앉아 있는 여성, 극장 휴게실 등을 통해 고독하고 쓸쓸한 분위기를 극적으로 표현했습니다. 호퍼의 작품에 나타나는 외롭고 공허한 정서는 당시 미국의 정치·경제적 상황과도 잘 맞아떨어집니다. 급격한 산업화와 두 차례의 세계대전을 거치며 미국인들은 커다란 허무와 절망감을 느꼈으니까요. 그뿐만 아닙니다. 약 10여 년에 걸쳐 경제 대공황Great Depression이라는 커다란 불황의 그림자가 미국에 드리워져 있었습니다. 호퍼의 작품에 짙게 배어 있는 쓸쓸함과 허무함이 바로 이 불황에서 비롯되었다고 볼 수 있습니다. 실제로 경제 대공황은 미국인뿐만 아니라 전 세계인, 그리고 자본주의 경제 체제에도 영향을 끼친 엄청난 사건이었습니다.

〈밤을 지새우는 사람들〉, 에드워드 호퍼, 1942년

검은 목요일, 주식이 대폭락하다

모든 일의 시작은 1929년 10월 24일 목요일, 이른바 '검은 목요일' 의 사건이었습니다. 미국 증권 시장이 몰려 있는 월스트리트Wall Street에서 엄청난 사건이 발생했습니다. 하루 만에 주가 지수가 20% 이상 갑자기 떨어진 것입니다. 주식 투자를 했던 사람들은 자신이 가진 증권이 휴지 조각이 되는 것을 지켜봐야 했습니다. 이날 오전 에만 11명의 투자자가 절망감에 자살을 택했습니다.

갑자기 왜 이런 일이 벌어진 것일까요? 당시 미국은 전에 없는 호황을 맞고 있었습니다. 호황이란 투자와 생산이 활발히 이루어지 고, 고용도 원활히 잘되는 상황을 말합니다. 특히 미국은 제1차 세 계대전 이후에 폐허가 된 유럽과는 달리, 경제 호황을 맞고 있었습 니다. 유럽 여러 나라에 지원과 대출을 해 줄 정도로 전 세계 경제 에 영향을 미치는 가장 강력한 국가였지요.

하지만 그 이면에 문제점도 쌓여 가고 있었습니다. 독점 자본주 의가 진행되면서 자본을 가진 몇몇 사람들은 더욱 부자가 되었지만, 대부분의 국민은 낮은 임금으로 생활하는 처지였습니다. 국민의 5% 정도인 부자들이 소득의 3분의 1을 가져가는 구조였습니다. 나머지 95%의 국민은 소비를 충분히 할 형편이 아니었던 것이죠.

그런 만큼 공급은 넘쳐 나면서 이를 뒷받침해 줄 수요가 충분치 않은 상황이었습니다. 기업은 기계와 기술의 발전을 바탕으로 대량 생산을 하게 되었고, 이윤을 얻으려고 앞다투어 더 많은 상품을 생산했습니다. 하지만 이를 소비할 수 있는 사람이 적다 보니 과잉 공급이 일어났습니다. 결국 팔리지 않는 물건들이 공장에 쌓여 가면서 활발하던 생산 역시 정체되었습니다.

한편 여유 자금이 있었던 중산층 미국인들이 주식 시장에서 투자를 늘리면서 주식 가격이 올랐습니다. 1929년의 주가는 1921년에 비해 4배나 올라간 수치였습니다. 겉으로 보기에는 경제가 성장하는 것 같았지만, 사실 속으로는 문제가 곪아 가고 있었습니다. 생산은 늘지 않고, 주식 투기만 늘었던 것이지요.

결국 이 문제는 앞서 말한 '검은 목요일'을 시작으로 터져 나왔습니다. 주식 가격이 갑자기 내려가자 투자자들이 너나없이 주식을 먼저 팔려고 하면서 주가는 더더욱 급락했습니다. 불과 2주 동안 300억 달러의 주식 가치가 사라져 버렸습니다. 주가 폭락에 큰 불안을 느낀 사람들은 소비를 더욱 줄였고, 이에 기업도 더는 생산과 투자를 늘릴 수 없었습니다. 그 결과 고용도 줄어 많은 사람이 실업자로 내몰렸습니다. 실업자가 된 사람들은 또다시 소비를 줄이고, 이것은 또다시 기업의 생산과 투자의 감소로 이어졌습니다. 악순환이 계속된 것이지요. 기업들은 문 닫고, 실업자는 늘어났습니다. 사회 전체의 소비와 투자가 줄고, 이 때문에 공급마저 줄어 버리는 상황이 계속되었습니다.

한편 주식 시장과 기업에 닥쳐온 위기는 은행권에도 영향을 미쳤습니다. 1930년대 초 은행이 파산하기 시작했습니다. 은행이 예금한 돈을 내어 주지 못할 거라는 불안감이 팽배해지면서 한꺼번

뉴욕의 한 은행에 돈을 인출하기 위해 몰려든 사람들　　시카고의 어느 무료 급식소에서 배식을 기다리는 사람들

에 많은 사람이 예금을 찾아가 버리자 은행도 운영이 어려워졌습니다. 이렇게 예금을 대규모로 인출하는 사태를 '뱅크런Bank Run'이라고 합니다.

원래 자본주의 경제에서는 생산과 투자가 활발한 호황과 생산과 투자가 모두 침체되는 불황이 돌고 돌게 마련이지만, 1929년에 닥쳐온 불황은 너무 길고 참혹했습니다. 그래서 1930년대 미국에 불어닥친 이런 상황을 두려움과 공포, 불안의 의미를 담아 '경제 대공황'이라고 합니다.

1933년에는 일자리를 잃은 사람들이 전체 인구의 25%에 달했습니다. 도시의 많은 사람들이 일자리를 찾는 피켓을 들고 길거리를 돌아다녔고, 무료 급식소에 줄을 선 사람들도 늘어났습니다. 얼마 전까지 경제적 번영을 누렸다는 사실이 믿기지 않는 풍경이었습니다.

미국의 경제 대공황은 많은 나라에 영향을 끼쳤습니다. 1929년까지 미국은 세계 최고의 부국으로 많은 나라에 투자와 대출을 해준 국가였습니다. 제1차 세계대전으로 쑥대밭이 된 유럽에도 대거 투자한 상태였습니다. 대공황이 시작되자 미국은 유럽 및 세계 각국으로 투자한 자금을 다시 거두어들였습니다. 국내 상황이 나빠지니 돈을 빌려주거나 투자할 여유가 전혀 없었던 것이지요.

그 결과 프랑스, 영국, 독일 등 많은 국가가 함께 경제 대공황의 늪에 빠졌습니다. 특히 제1차 세계대전에 패배한 데다 막대한 전쟁 배상금도 치러야 했던 독일은 더욱 큰 어려움에 빠졌지요. 경제적 어려움과 60%에 육박하는 실업률에 시달리던 독일 국민은 강력한 지도자와 정부를 원했습니다. 그 결과 세기의 독재자 아돌프 히틀러Adolf Hitler와 나치당Nazis이 득세했습니다. 국민들의 지지를 등에 업은 히틀러는 독일 민족의 위대함을 내세우면서 다른 나라를 침략했습니다. 이것이 바로 1939년 일어난 제2차 세계대전(1939~1945)의 시작이었습니다.

돈다발이 든 항아리를 묻어 두면, 경제가 살아난다?

활기찬 산업 현장의 모습입니다. 복잡한 기계가 넓은 자리를 차지하고 돌아가고 있고, 그 앞에는 수많은 노동자가 일하고 있습니다. 가장 위쪽에는 노동자의 힘을 상징하는 주먹 쥔 손이 여럿 그려져 있네요.

〈디트로이트 산업 벽화Detroit Industry, North Wall〉의 일부, 디에고 리베라, 1932~1933년

　기계와 노동자들의 모습이 역동적으로 표현된 이 그림은 미국 디트로이트Detroit에 있는 시립 미술관에 그려진 벽화 일부입니다. 디트로이트는 자동차 공업 도시로 유명한데, 이 그림은 포드 자동차 회사Ford Motor Company의 의뢰로 그려진 것입니다.

　그림을 그린 화가는 멕시코 미술의 거장 디에고 리베라Diego Rivera 입니다. 장애를 딛고 20세기 미술계를 대표하는 여성 화가가 된 프리다 칼로Frida Kahlo의 남편으로도 널리 알려진 인물이지요.

　미국 정부는 1933년부터 1934년까지 대대적인 공공 미술 프로젝트를 실시했습니다. 이 벽화 역시 그런 목적으로 그려졌습니다. 경제 대공황이 일어나 모두가 어려운 시기에 굳이 미술에 투자한 이유는 무엇일까요?

프로젝트의 중요한 목적 중 하나는 실업자가 된 예술가들을 구제하는 것이었습니다. 대공황 시기에 예술가들은 더욱더 어려운 처지에 놓여 있었지요. 당장 모두가 배고픈 시기였으니 여유롭게 예술 작품을 감상하거나 수집할 여유가 있을 리 만무했습니다.

이에 미국 정부는 공공 미술로 벽화를 그리는 사업을 해 3700여 명의 미술가들을 고용했습니다. 많은 사람이 감상하는 벽화인 만큼 누드화나 추상적인 그림은 그리지 못하게 했고, 주로 건전한 주제와 소재들로 벽화를 그리게 했습니다. 이런 이유로 이 시기에 만들어진 작품 중 예술성이 뛰어난 사례를 찾기는 어렵습니다. 다만 경제 공황기 예술계에서 많은 실업자를 구제했다는 데 의의가 있습니다.

이렇게 정부가 일자리를 만들어서 실업자를 구제해야 한다는 주장은 어디에서 나온 것일까요? 이는 존 메이너드 케인스John Maynard Keynes라는 영국 경제학자에게서 시작되었습니다. 케인스는 경제 문제의 해결책을 다음과 같이 비유하기도 했습니다.

"정부는 빈 항아리에 돈을 가득 담아 땅속에 묻어 둡니다. 그리고 기업들이 항아리 속에 묻어 둔 돈을 마음대로 퍼 가도록 합니다. 그러면 기업은 사람을 고용하고, 굴착기를 사들여서 땅을 파고 항아리 속의 돈을 꺼냅니다. 일자리를 얻은 사람은 월급으로 옷도 사입고 먹을 것도 삽니다. 그렇게 되면 의류와 식료품 공장이 살아나고, 다른 공장도 덩달아 활기를 띠게 됩니다."

공공 미술 프로젝트에 의해 샌프란시스코 코이트 타워Coit Tower에 그려진 벽화들

돈다발이 든 항아리를 묻어 두라는 비유는
정부가 적극적으로 경제에 개입해서 유효 수
요를 만들라는 뜻입니다. 유효 수요라는 것
은 무엇일까요? 구매력이 뒷받침되어 실제
로 어떤 상품을 살 수 있는 수요를 말하지요.

케인스는 경제 대공황의 원인이 소득이
줄어 유효 수요가 부족하게 된 데 있다고 생
각했습니다. 공급보다 유효 수요가 부족해
소비가 일어나지 않고, 그 결과 기업도 생산

존 메이너드 케인스(1883~1946)

과 투자를 줄이게 되어 경기 침체가 계속 나쁜 쪽으로 반복된다고
보았습니다.

따라서 이런 악순환의 고리를 끊어 내고자 정부가 적극적으로
경제에 개입하여 유효 수요를 만들어 내야 한다고 주장했습니다.
이를 케인스의 '유효 수요의 법칙'이라고 합니다. 예를 들어 정부
가 씀씀이와 투자를 늘려 국민들의 일자리를 마련해 준다면, 국민
들의 지갑이 채워지면서 활발한 소비가 일어납니다. 이렇게 해서
수요가 늘어나면 기업의 공급 역시 늘어나고 나아가 투자도 활발
해집니다. 그 덕분에 고용이 늘어 실업률도 줄고 경기가 회복될 수
있습니다.

이것은 획기적인 발상이었습니다. 왜냐하면 그동안 자본주의 경
제에서 나타나는 문제는 어떤 간섭이나 제재 없이도 '시장 가격'이
수요와 공급을 조절하면서 저절로 해결된다고 믿었기 때문입니다.

케인스는 정부가 억지로 개입하는 것은 바람직하지 않다고 여기던 기존의 생각에 반대하면서 정부가 적극적으로 시장에 개입해서 불황을 극복해 나가야 한다고 주장했습니다.

뉴딜 정책, 자본주의 역사를 다시 쓰다

1933년 프랭클린 델러노 루스벨트Franklin Delano Roosevelt가 미국의 제32대 대통령으로 당선되었습니다. 루스벨트 대통령은 대공황 상태에 빠진 미국을 구할 막중한 책임을 안고 있었죠.

루스벨트 정부는 케인스의 주장처럼 유효 수요를 만들어 내고자 했습니다. 이때 시행한 여러 가지 정책을 '뉴딜New Deal 정책'이라고 부릅니다.

뉴딜 정책의 중요한 정책 중 하나가 대규모 댐 건설 등의 토목 공사를 진행하는 것이었습니다. 토목 공사에는 건설 자재를 공급하거나 직접 노동을 할 사람들이 대거 필요합니다. 대규모 토목 공사는 일자리를 제공하여 실업자를 줄이고 그들의 구매력을 키워 수요를 창출하는 수단이었습니다.

루스벨트 정부는 농민의 생활을 되살리려는 정책도 폈습니다. 당시에는 농산물 생산량이 너무 많은 것이 문제였습니다. 농산물은 상하기 전에 팔아야 해서 생산량이 너무 많으면 과잉 공급으로 헐값이 되고, 이 때문에 농가의 수익이 줄었기 때문입니다. 이에 루스

〈이민자 어머니Migrant Mother〉,
도로시아 랭Dorothea Lange, 1936년
음식 배급을 받기 위해 기다리는 어머니와 아
이들을 찍은 이 사진은 대공황 시기 가난으로
떠돌아다니던 이들의 비참한 생활상을 알리고
큰 관심을 촉구한 대표적 작품이 되었다.

벨트 정부는 한 해 농사를 짓지 않는 농가들에게 보조금을 주거나
팔리지 않는 농산물을 사들여 시장에 나오는 공급량을 줄였습니다.
이런 방법은 농산물 가격을 안정시켜 농가를 살리는 데 도움을 주
었습니다.

루스벨트 정부는 자본주의 체제에서 약자일 수밖에 없는 노동자
들과 빈민층을 지원하는 제도도 시행했습니다. 노동 관계법을 통해
노동자들이 노동조합을 만들어 자신들의 권리를 주장할 수 있게
했지요.

아울러 사회 보장법도 시행했습니다. 빈민이나 장애인, 노령자를
비롯한 저소득층이 인간으로서 기본적인 생활을 영위할 수 있도록
보조금을 주거나 사회 보험의 혜택을 주는 제도를 마련했습니다.

뉴딜 정책으로 시작된 댐 건설 사업 현장

이렇듯 정부는 공공사업으로 실업자를 구제하고 농업 생산량을 조정하며 사회 복지 제도를 실시하는 등 시장에 적극적으로 개입했습니다. 구매력을 갖춘 소비가 있어야 생산과 투자도 활발해지고, 심각한 경기 침체에 빠지지 않을 수 있다는 교훈을 얻은 것이지요.

고독한 사람들, 연대로 소외에서 벗어나길

뉴딜 정책은 그동안 전개되어 온 자본주의의 기본 가정을 수정하는 계기가 되었습니다. 보이지 않는 손이 모든 경제 문제를 해결해 주지 않는다는 점을 깨달으면서 정부가 시장 경제에 어느 정도 간섭을 하고 적당히 통제도 하는 새로운 자본주의 체제가 등장한 것입니다. 이렇게 자유방임주의가 수정되어 나온 자본주의를 '수정 자본주의'라고 합니다.

자본주의 정책의 방향이 바뀌자 국가를 바라보는 관점에도 변화가 생겼습니다. 이제 국가는 단지 시장 경제가 잘 돌아가도록 최소한의 일만 하는 국가와는 달라야 했습니다. 국가는 국민의 인간다운 삶을 보장하기 위해 노력하는 '복지 국가'를 지향했습니다. 정부의 규모 역시 그에 맞춰 커지기 시작했습니다.

1930년대의 대공황은 많은 사람에게 고통을 준 괴로운 경험이었지만, 한편으로는 시장의 실패를 확인시켜 줌으로써 정부가 시장에 적극 개입하도록 하며 자본주의 역사를 고쳐 쓰게 만든 중요한 계기이기도 했습니다.

호퍼의 그림은 고독과 불안을 담았지만, 역설적이게도 감상자들에게 공감을 불러일으키고 소통의 중요성을 상기시킵니다. 마치 대공황 시기의 루스벨트 정부처럼, 현대인들도 타인과 정을 나누고 서로 연대하는 것이 소외를 벗어나는 길이라는 말을 잔잔하게 전하려는 듯합니다.

정리
하기
1. 경제 대공황은 1929년 미국에서 과잉 공급과 수요 부족이 원인이 되어 시작된 사상 최대의 경기 침체를 말한다.
2. 경제학자 케인스는 경제 대공황을 극복하는 방법으로 유효 수요를 늘리고 국가가 경제에 적극적으로 개입해야 한다고 주장했다.
3. 미국 루스벨트 정부는 공공사업으로 실업자를 구제하고 사회 복지 제도를 실시하는 뉴딜 정책을 폈다.
4. 뉴딜 정책 이후 수정 자본주의 시대가 열리면서 복지 국가를 지향하며 정부의 규모가 커지는 경향이 나타났다.

보이지 않는 손의 부활, 신자유주의

〈빌리 엘리어트Billy Elliot〉는 영국 탄광촌에 사는 빌리가 발레리노의 꿈을 이루기까지를 담은 영화다. 1980년대를 배경으로 하는 이 영화에는 광부인 빌리의 아버지와 형이 탄광촌 폐쇄에 반대하며 시위하는 장면이 나온다.

지니   선생님, 〈빌리 엘리어트〉라는 영화에서는 왜 탄광촌을 폐쇄했을까요? 광부들이 전부 실업자가 되잖아요.

선생님   영화의 배경인 1980년대 영국에서는 마거릿 대처Margaret Thatcher 총리가 신자유주의 정책을 펼쳤단다.

지니   신자유주의요?

선생님   대공황 이후 자본주의 국가들은 수정 자본주의로 문제를 해결하려 했지만, 그 과정에서 또 다른 문제가 발생했지. 이에 신자유주의가 새로 힘을 얻게 되었어.

지니   수정 자본주의에서도 문제가 발생했나요?

선생님   그래. 수정 자본주의하에서는 정부의 역할과 규모가 커지면서 정부가 세금을 더 걷고 규제를 늘렸어. 그러자 기업이 경쟁력을 잃고 장기 불황이 이어졌지. 한편 당시 영국에서는 정부가 복지를 지나치게 강조하면서 '복지병'이 생겨났단다.

지니 복지병이요? 복지는 사람들의 인간다운 생활을 보장해 주는 건데, 지나치게 강조해도 괜찮지 않을까요?

선생님 지나친 복지도 부작용이 있었단다. 일하지 않아도 국가가 어느 정도 소득을 보장해 주니 근로 의욕이 떨어지고, 국가 생산성도 낮아졌단다. 복지 제도를 유지하는 데 너무 많은 돈이 들어 세금이 늘어나는 것도 문제였지.

지니 그럼 신자유주의는 이를 어떻게 해결하려 했나요?

선생님 신자유주의자들은 비효율성을 없애고 생산성을 높여야 한다고 주장했지. 공기업을 민영화하고 복지 제도를 축소해 정부의 규모와 지출을 줄이고자 했어. 또 기업 활동의 자유를 더 많이 보장해야 한다고 보았지.

지니 아, 정부가 시장에 개입해야 한다던 수정 자본주의에서 문제점이 생겨났으니까, 이전처럼 시장의 개입을 줄이려고 했던 거군요?

선생님 그렇지. 이 신자유주의 정책을 가장 강력하게 펼친 정치 지도자가 마거릿 대처였어. 특히 기업이나 산업 활동에서 발생하는 비효율성을 줄이는 구조 조정을 시행했지.

지니 아, 그래서 빌리 아버지의 탄광촌이 폐쇄되었군요?

선생님 맞아. 이미 석탄보다는 석유가 많이 쓰이던 시대였으니까 경쟁력이 많이 떨어진다고 판단한 거야. 국영 탄광을 20개 가까이 폐쇄하자 노동자들이 대대적인 파업을 했지만, 대처는 단호했지. 그래서 '철의 여인'이라 불리기도 했단다.

지니 다른 나라들도 영국처럼 신자유주의 정책을 펼쳤나요?

선생님 그렇지. 많은 나라가 비슷한 정책을 펼쳤단다. 미국의 로널드 레이건Ronald Reagan 정부 역시 신자유주의 정책을 펼쳤지.

지니 자본주의도 시대와 상황에 따라서 그 한계를 극복하려고 변신을 거듭했군요.

선생님 맞아. 앞으로도 세계 경제가 어떻게 변하느냐에 따라 자본주의는 계속해서 새로운 얼굴을 보여 줄 거란다.

〈빌리 엘리어트〉
워킹 타이틀 필름스 제작
유니버설 픽처스 배급
2000년

영화와 문학이 사랑한
에드워드 호퍼

남자는 밖을 바라보며 창가에 서 있고, 여성은 소파에 걸터앉아 있습니다. 에드 워드 호퍼의 〈철길 옆 호텔Hotel by a Railroad〉이라는 작품이 왠지 익숙하게 느껴지 는 데는 이유가 있습니다. 이 그림을 패러디parody(어떤 작품의 소재를 흉내 내 어 익살스럽게 재생산하는 기법이나 작품)한 어느 유통 회사의 광고 때문입니 다. 그림의 구도뿐 아니라 가구나 공간의 분위기, 색채 등이 호퍼의 그림과 흡 사합니다.

　호퍼의 그림은 오늘날까지 많은 사람들에게 사랑받으며 종종 영화나 광고의 모티브가 되고 있습니다. 왜 유독 호퍼의 그림이 다양한 분야에서 재생산되고 있는 것일까요?

　우선 작품의 주요 배경인 영화관, 호텔, 주유소 등은 일상의 공간입니다. 그 뿐만 아니라 그림 속 인물들의 고독하고 쓸쓸한 모습 또한 현대를 살아가는 바 쁜 도시인인 우리와 크게 다르지 않지요. 호퍼의 그림에 나타난 분위기는 도시 생활에서 느끼는 정서와 맞닿아 있어 동질감이나 왠지 모를 위안을 느끼게 됩 니다. 이러한 공감이 가능한 한, 호퍼의 그림을 광고나 영화에서 계속 만날 수 있지 않을까요.

〈철길 옆 호텔〉, 에드워드 호퍼, 1952년

호퍼의 작품을 패러디해 제작한 광고, 신세계 블로그

4

경제학,
사회 문제 속으로

인플레이션, 독일을
가난에 밀어 넣다

#콜비츠의 〈독일 어린이들이 굶고 있다〉로 본 인플레이션

지금 우리 아이들이 굶고 있어요!

아이들이 커다란 눈망울을 굴리며 빈 그릇을 치켜들고 있습니다. 지금 아이들은 간절한 표정으로 굶주림을 해결해 줄 음식만을 기다리는 중이지요.

〈독일 어린이들이 굶고 있다Germany's Children are Starving!〉는 참으로 애처로운 마음이 들게 하는 그림입니다. 독일은 현재 유럽의 대표적인 선진국이지만, 한때는 그림에서 볼 수 있듯 많은 이들이 가난에 시달렸지요. 그런데 혹시 이전 장에서 소개했던 아름답고 화려한 색채의 그림들과 달리, 흑백 톤으로 거칠고 투박스럽게 표현된 이 그림에 조금 놀라진 않았나요? 이 작품을 그린 케테 콜비츠Käthe Kollwitz는 아름다운 그림을 그리기보다는 노동자나 농민의 어려운

〈독일 어린이들이 굶고 있다〉, 케테 콜비츠, 1924년

현실, 전쟁의 비참함 등을 강렬하게 표현하여 사회 문제를 고발한 작가였습니다.

〈독일 어린이들이 굶고 있다〉는 제1차 세계대전이 끝난 직후에 그려졌습니다. 전쟁을 일으켰다가 무참하게 패배한 독일은 거의 모든 생산 시설이나 공장이 파괴된 채 폐허가 되어 버렸습니다. 국민들은 생필품을 사지도 못할 정도로 가난에 허덕였습니다.

그런데 여기에, 아이들의 굶주림을 부추긴 원인이 하나 더 있었습니다. 당시 독일은 극심하게 오른 물가 때문에 더 큰 어려움을 겪고 있었습니다. 콜비츠는 다음과 같이 당시 상황을 적었습니다.

"모든 것이 극단화되고 있다. 약탈과 학살이 마구 이루어지고 있다. 북부 독일은 아직 전쟁 중이다. 기아! 빵 한 조각에 1조 14억 원이라니! 조금 있다가 800억 원으로 떨어지기는 했지만."

빵 한 조각이 무려 1조 원이 넘었다니, 상상하기 힘든 일이지만 현실이었습니다. 심지어 빵을 사기 위해서 돈을 수레 가득 싣고 가야 하는 불편함까지 감수해야 했습니다. 지금은 유럽 연합에 속해 있어 유로화를 쓰지만, 당시 독일의 화폐 단위는 마르크였습니다. 물가가 하도 치솟자 1조 마르크짜리 지폐가 만들어지기까지 했습니다.

이렇게 말도 안 되는 상황은 도대체 왜 일어난 것일까요? 극심한 물가 상승은 왜 독일 어린이들을 굶주리게 한 것일까요? 이 질문에 대한 답은 '인플레이션'이라는 경제학 개념 속에 있습니다.

인플레이션과 하이퍼인플레이션

인플레이션이란 쉽게 말해 물가 상승을 말합니다. 그렇다면 물가란 무엇일까요? 물가物價란 물건의 가격이란 뜻인데, 단순히 한 가지 물건의 가격이 아니라 시장에서 거래되는 여러 상품의 가격을 종합하고 평균한 것입니다. 여러분이 만약 운동화를 사러 백화점에 갔는데, 사고 싶은 브랜드의 운동화 가격 하나가 올랐다고 해서 "물가가 많이 올랐네!"라고 쉽게 단정해서는 안 됩니다. 물가의 변화를 제대로 알려면 단순히 운동화뿐 아니라 여러분이 사는 옷, 슈퍼마켓에서 파는 식자재, 자동차나 가전제품 같은 물건들까지 몽땅 포함하되, 품목별로 다른 가중치를 부과해 평균을 내야 합니다. 이렇게 낸 수치를 물가 지수라고 하는데, 이 물가 지수가 기준 시점에 대비해 올라야 비로소 물가가 올랐다고 볼 수 있지요.

이렇게 전반적인 물가가 지속적으로 오르는 것을 가리켜 인플레이션이라고 합니다. 사실 인플레이션은 한 나라의 경제가 성장하면서 자연스럽게 나타나는 현상입니다. 실제로 우리나라가 1960년대부터 본격적으로 경제 성장을 이루는 동안 물가는 서서히 상승했습니다. 예를 들어 1960년대에는 짜장면 한 그릇의 가격이 15원 정도였는데, 1970년대에는 200원대였다가 1990년대 초기에는

1000원대가 되었죠. 현재 짜장면 한 그릇의 가격은 5000원 정도입니다. 짜장면뿐만 아닙니다. 1970년대 후반 강남의 아파트 한 채 가격은 1000만 원 남짓이었지만, 현재는 20억 원을 넘어가는 수준입니다. 경제가 성장하면서 시장에서 거래되는 여러 상품이나 서비스의 가격이 꾸준히 오른 셈입니다.

하지만 케테 콜비츠가 굶주린 독일 아이들을 그렸을 무렵, 독일의 인플레이션은 자연스러운 현상이 아니었습니다. 물가가 1년에 수백 퍼센트 이상으로 상승하는 비정상적인 상황이었습니다. 이렇게 걷잡을 수 없을 정도로 물가 상승이 급작스럽게 일어나는 경우를 경제학에서는 하이퍼인플레이션hyper inflation 또는 초인플레이션이라고 합니다.

하이퍼인플레이션 상황에서는 돈이 휴지 조각처럼 의미가 없어집니다. 예를 들어 예전에는 크림빵을 1000원에 사 먹을 수 있었는데 이제는 1억 원을 주어야 살 수 있다고 가정해 봅시다. 빵과 돈의 가치를 비교해 보면, 1000만 원으로는 크림빵을 10 등분 해서 그중

독일 하이퍼인플레이션
당시 나온 1000억짜리
마르크 지폐

하이퍼인플레이션 당시
돈을 장난감으로 가지고 노는
독일 아이들

한 조각을 살 수 있을 뿐입니다. 더 작게 나누어 100만 원으로 내가
살 수 있는 빵은 고작 크림빵 100분의 1조각에 불과합니다. 이런 식
으로 계속 나누어 보면 돈 1만 원의 가치가 정말 형편없이 낮아집
니다. 크림빵 하나를 1만분의 1로 나누어 그중 미세한 한 조각만 사
먹을 수 있을 뿐이지요. 돈 1만 원은 예전에는 크림빵을 10개나 사
먹을 수 있는 가치였지만, 하이퍼인플레이션이 나타난 후에는 크림
빵 1000분의 1조각을 겨우 사 먹을 수 있는 정도의 가치로 떨어진
것입니다.

실제 하이퍼인플레이션이 나타나던 당시 독일에서 찍은 사진들을 보면 아이들이 돈뭉치를 장난감 벽돌처럼 가지고 놀거나, 집에 불을 때기 위해 불쏘시개로 쓰는 모습을 볼 수 있습니다. 그만큼 돈이 아무런 가치를 지니지 못했던 것입니다.

인플레이션이 일어나는 까닭

인플레이션이 일어나는 원인은 크게 세 가지로 나눌 수가 있지요. 첫째로, 경기가 좋거나 시중에 돌아다니는 화폐의 양이 늘어나 소비와 투자, 정부 지출이 활발히 이루어질 때 발생합니다. 주머니가 두둑해진 가계나 기업, 정부가 돈을 많이 쓰다 보면 나라의 총수요(한 나라의 가계나 기업, 정부 등이 원하는 재화와 서비스에 대한 수요)가 늘어나면서 상품들의 가격이 일제히 오르는 것이지요. 이런 경우를 한 국가의 총수요가 총공급(한 나라의 기업들이 각각의 물가 수준에서 공급하려는 재화와 서비스의 총액)보다 많기 때문에 생긴다는 점에서 '초과 수요 인플레이션'이라고 합니다.

둘째로, 상품을 만드는 데 들어가는 비용이 오를 때 발생하기도 합니다. 생산을 위해 필요한 원자재 가격이 올라가거나 노동자들에게 주는 임금이 올라감에 따라 상품 가격이 올라가는 경우가 이에 해당합니다. 예를 들어 중동에 있는 나라들이 석유 가격을 일제히 올리면, 휘발유나 경유 등은 물론이고, 석유를 이용해 생산하는 옷이나 치약 등의 물건까지도 값이 올라가게 됩니다. 이런 경우를 '비용 인상 인플레이션'이라고 합니다.

셋째로, 독점이나 과점 기업들이 가격을 올릴 때 인플레이션이 생기기도 합니다. 예를 들어 우리나라 이동 통신 시장을 지배하고 있는 과점 기업 S사, K사, L사 세 회사가 이동 통신 요금을 일제히 올린다고 생각해 봅시다. 이 경우 우리나라 국민이 쓰는 이동 통신 요금 자체가 한꺼번에 상승합니다. 이런 식으로 시장을 지배하는 힘을 가진 독점이나 과점 기업들이 상품 가격을 올리면서 인플레이션이 발생하기도 하는데, 이를 '관리 가격 인플레이션'이라고 하지요.

그런데 하이퍼인플레이션이 발생했을 당시 독일은 위의 경우보다 좀 더 특수한 상황에 놓여 있었습니다. 제1차 세계대전에서 패전국이 된 독일은 다른 나라에 막대한 전쟁 배상금을 물어 주어야 했고, 이를 해결하기 위해 화폐를 더 찍어 내기로 했습니다. 화폐를 마구 찍어 내면 부족한 돈을 메꿀 수 있으니 참으로 손쉬운 방법이었습니다. 하지만 이러한 해결 방법은 엄청난 경제적 혼란과 부작용을 불러오고 말았습니다.

돈이 시중에 너무 많이 풀린 탓에 그 돈으로 살 수 있는 상품들의 값이 죄다 올라 버린 것입니다. 1921년 12월에 3.9마르크였던 빵 한 덩이 가격이 2년 뒤인 1923년 10월에 무려 17억 마르크가 되었습니다. 하도 물가가 빠르게 올라서 카페에서 커피를 한 잔 다 마시는 동안 커피 가격이 두 배로 오르는 웃지 못할 일도 벌어졌습니다.

이런 경제적 혼란이 초래한 고통은 고스란히 독일 국민에게 돌아갔습니다. 돈의 가치가 떨어지면서 사람들이 노동해서 얻는 소득으로는 제대로 된 음식 하나도 사 먹기 어려워졌습니다. 콜비츠의 그림에 나타난 모습과 같이 굶주리는 아이들도 늘어났습니다.

구두창 비용과 메뉴 비용

독일에서 일어난 하이퍼인플레이션까지는 아니더라도, 일반적으로 인플레이션은 여러 가지 사회적 비용을 불러옵니다.

일단 인플레이션이 발생하면서 돈을 현금이나 예금으로 가진 사람들, 임금으로 생활하는 사람들, 연금을 받아 생활하는 사람들 모두에게 손해가 발생합니다. 애써 모은 1억 원을 은행에 예금해 두었다고 해도 인플레이션이 발생하면 그 돈은 처음 돈을 맡길 때보다 가치가 떨어집니다. 이처럼 현금의 가치가 떨어지는 상황에서 사람들은 은행에 가서 예금을 해약하고, 땅이나 금, 은처럼 계속 가치가 오를 것으로 보이는 다른 투자 대상을 찾아다니게 됩니다. 이때 예금을 해약하는 데 드는 비용, 투자 대상을 찾아 그것을 사는 데 드는 거래 비용은 인플레이션이 생기지 않았다면 들지 않았을 거래 비용입니다. 인플레이션 때문에 발생하는 이러한 사회적 비용을 경제학에서는 '구두창 비용'이라고 합니다. 구두창이 닳듯이 돌아다니면서 드는 비용이라는 의미지요.

상품을 생산해서 파는 기업의 입장에서도 인플레이션은 반가운 일이 아닙니다. 일단 상품의 가격이 계속 올라가니까 가격표도 계속 바꾸어야 하고, 새로운 상품 판매 전략도 만들어야 하고 시스템도 바꾸어야 합니다. 실제로 1990년대 브라질에서는 높은 인플레이션이 발생했는데, 슈퍼마켓에서 종업원들이 가격표를 바꾸는 데 근무 시간의 절반 이상을 썼다고 합니다. 이렇게 인플레이션 때문에 기업이 여러 가지를 바꾸느라 들어가는 비용을 '메뉴 비용'이라고 합니다. 구두창 비용과 메뉴 비용 모두 인플레이션 때문에 발생하는 사회적 손실이지요.

결국 극심한 인플레이션은 국가 경제에 손해를 끼칩니다. 돈의 가치가 형편없으니 사람들은 노동하여 임금을 받는 데 큰 의미를 두지 않게 되고, 저축도 하지 않습니다. 그런데 기업은 은행 예금액을 바탕으로 투자를 할 수 있으니, 은행 예금액이 줄어들면 기업의 투자 금액도 줄어듭니다. 이에 기업은 생산과 투자를 활발히 하기 어려워지고, 결국 국가 경제는 성장할 기반을 잃게 됩니다.

잘못된 경제 정책이 낳은 비극

앞에서 살펴본 대로 인플레이션은 많은 부작용을 낳기 때문에 자본주의 국가들은 물가를 안정시키기 위해 노력합니다. 각국 정부는 독일의 사례를 교훈 삼아 불경기일지라도 화폐를 마구 찍어 내는 방식은 지양합니다. 대신 더욱 세밀한 방법으로 경제 안정화 정책을 펼치지요.

또한 기업이 독점이나 과점을 통해 전체 물가에 영향을 끼치지 않도록 규제합니다. 특히 우리나라는 '독점규제 및 공정거래에 관한 법률'을 마련하여 기업들이 공정한 경쟁을 하며 적절한 가격을 유지하도록 하고 있습니다.

하지만 세계 곳곳에서는 아직도 하이퍼인플레이션이 종종 일어납니다. 2009년 아프리카의 짐바브웨에서도 하이퍼인플레이션이 일어나 자국 화폐의 사용을 중단했고, 2018년 중남미의 베네수엘라 역시 2018년 물가 상승률이 100만 퍼센트에 달하는 하이퍼인플레이션을 겪었습니다.

정부의 잘못된 경제 정책으로 인해 생겨난 독일 하이퍼인플레이션의 대가는 혹독했습니다. 하이퍼인플레이션으로 고통받던 독일 국민은 분노의 화살을 무능한 정부와 돈 많은 사람들, 그리고 배상금을 물린 국가들에게 돌렸습니다. 이러한 혼란과 분노의 시기에 강력한 정치를 외치며 한 인물이 등장합니다. 이 정치인은 뛰어난 연설 실력으로 독일인들의 인기를 얻고 후에 독일 총통의 자리에 올라 권력을 잡습니다. 그가 바로 히틀러입니다. 히틀러와 그를 따른 나치당은 제2차 세계대전을 일으키고 수많은 유대인을 학살했습니다. 하이퍼인플레이션이 히틀러 집권의 유일한 원인은 아니지만, 이로 인한 경제적 혼란과 독일 국민의 분노가 히틀러 집권에 도움을 준 것은 사실입니다.

다시금 케테 콜비츠의 〈독일 어린이들이 굶고 있다〉를 살펴봅시다. 이 작품은 오늘날에도 전쟁 없는 평화와 국민을 보살피는 정부의 역할이 왜 필요한지, 또한 물가 안정이 국민의 삶에 얼마나 중요한지 등 여러 가지 생각거리를 던져 줍니다.

**정리
하기**

1. 인플레이션이란 물가가 높은 비율로 꾸준히 오르는 현상을 말한다.
2. 하이퍼인플레이션이란 비정상적일 정도의 높은 수준으로 인플레이션이 일어나는 것을 말한다.
3. 인플레이션은 사회에 여러 가지 혼란과 손해를 일으킨다.
   - 인플레이션으로 인해 부의 불평등한 분배가 일어나 현금이나 예금을 가진 사람들, 임금 노동자, 연금 생활자 등이 큰 손해를 보게 된다.
   - 인플레이션이 일어나면 건전한 투자를 하기보다는 실물에 투기하는 일이 늘어난다.
   - 인플레이션으로 구두창 비용과 메뉴 비용 등이 발생한다. 구두창 비용이란 인플레이션이 발생하거나 예상될 때 은행과 투자 시장을 오가면서 생기는 거래 비용이며, 메뉴 비용은 기업이 상품의 금액을 바꾸면서 발생하게 되는 가격표 변경 비용 등을 말한다.

화폐에서 0을 지우기?

/ 하이퍼인플레이션과 화폐 개혁 /

인터넷 거래 사이트에 특이한 상품이 나왔다. '100조 달러'라고 쓰인 이 상품은 바로 짐바브웨 달러였다. 지니는 단돈 7500원을 주고 이 화폐를 샀다.

지니　선생님! 100조 달러예요. 큰 부자가 된 기분이에요.

선생님　아, 짐바브웨 달러구나. 짐바브웨는 하이퍼인플레이션을 겪었지. 이 100조 달러짜리 돈으로는 겨우 달걀 3개를 살 수 있었을걸? 결국 짐바브웨에서는 2009년부터 7년 동안이나 자국 통화 사용을 중지하고, 대신 US 달러를 사용했단다.

지니　그런 극단적인 방법을 쓰다니, 인플레이션이 정말 심각했나 보네요.

짐바브웨의 100조 달러 지폐

선생님 사실 그 전에 화폐 개혁을 하기도 했단다.

지니 화폐를 개혁한다고요?

선생님 간단하게 말하면 화폐에서 0을 떼는 거지. 지폐의 액면가를 낮추고 새로운 종류의 화폐를 만들어 유통시키는 거야. 짐바브웨에서는 1조 짐바브웨 달러를 1 짐바브웨 달러로 바꾸었단다. 화폐에서 0을 12개나 떼어 버린 거지.

지니 그런데 화폐 개혁은 성공하지 못했나요?

선생님 안타깝게도 실패했어. 사실 정부 정책이 믿을 만해야 물가도 잡히는데, 당시에는 정부에 대한 불신이 이미 큰 상태였어. 새로운 화폐를 가지고 나와도 또다시 물가가 올라 버렸단다.

사실 우리나라에서도 가끔 화폐 개혁 이야기가 나온단다. 우리나라 화폐는 기본 단위가 '원'이지만, 정작 1원 단위의 돈은 쓰이지 않아. 일반적으로 쓰이는 돈은 기본 몇백 원에서 몇천 원, 몇만 원 등 단위가 제법 크단다. 화폐 개혁을 하면 물건값을 계산하거나 회계를 처리할 때 더 편리할 거야.

지니 그래서 화폐 개혁을 하자고 하는 거군요. 화폐의 기본 단위가 달라지면 신기할 것 같아요.

선생님 하지만 화폐 개혁은 신중하게 해야 한단다. 일단 새로운 화폐를 만드는 데 돈이 많이 들어가고, 전산 교체도 해야 하지. 사람들에게 혼란을 줄 것이 분명하고. 또 새로 나오는 돈이 믿을 만하지 않으면 그 돈의 가치가 떨어지면서 대신 물가가 상승해 버리는 문제도 생길 수 있단다. 화폐 개혁이 성공하려면 무엇보다 정부의 경제 정책이 믿을 만해야 하겠지.

소외당한 사람들을 그린 화가,
케테 콜비츠

케테 콜비츠는 독일을 대표하는 화가이자 판화가 그리고 조각가입니다. 그녀는 중산층 집안에서 태어났지만, 힘없는 이웃의 편에 서려는 사회주의자이기도 했습니다. 콜비츠는 주로 가난과 전쟁, 비참한 노동 현실 등 여러 가지 사회 문제를 자신의 예술 세계로 끌어와 사실적이면서도 애틋하게 표현한 작품을 많이 남겼습니다.

〈직조공들A Weaver's Revolt〉 연작 판화 가운데 〈궁핍Need〉, 케테 콜비츠, 1898년 누더기 같은 침대에 누워 죽어 가는 아이를 바라보는 어머니와 아버지를 통해 가난한 노동자들의 참상을 그렸다.

채색화가 아닌 목판화나 에칭etching(산의 부식 작용을 이용한 판화의 한 방법)과 같은 기법의 작품을 남긴 것도 그녀의 작품관과 관련이 있습니다. 부자들을 위한 사치품으로서의 예술이 아닌, 억압당하고 가난한 계급의 사람들까지도 쉽게 접하고 공감할 수 있는 작품을 남기려 했던 것이지요.

그런 만큼 그녀가 주로 그린 대상은 전쟁 피해자나 빈민, 노동자들이었습니다. 의사였던 남편 칼 콜비츠와 자선 병원을 운영하면서 그녀가 가장 많이 만난 사람들이기도 하지요. 약자들이 느끼는 삶의 고통, 세상에 대한 저항이 그녀의 작품에서 절절히 묻어납니다.

〈농민 전쟁The Peasants' War〉 연작 판화 가운데 〈봉기Uprising〉, 케테 콜비츠, 1899년
영주나 성직자들의 사치스러운 생활을 위해 착취당하던 독일 민중이 저항했던 사건을 표현했다.

직장을 잃은 남자의
쓸쓸한 모습

#호들러의 〈실업자〉로 본 실업 문제

삶에 지친 고단한 하루

꽃과 풀이 무성한 것을 보니, 이곳은 한낮의 공원일까요? 작은 벤치에 한 남자가 앉아 있습니다. 흰 턱수염이 무성한 것으로 보아 노년기에 막 접어든 것처럼 보이네요. 허리를 구부정하게 숙인 남자의 양복은 얼굴 가득한 깊은 주름만큼이나 잔뜩 구겨져 있습니다. 그는 고된 삶의 흔적이 적나라하게 드러난 주름진 두 손을 기도하듯 맞잡고 있습니다. 사내는 지금 무슨 생각을 하고 있을까요?

그런데 남자의 모습이 낯설지는 않습니다. 차림새와 구부정한 자세가 꼭 TV 드라마에서 본 것 같습니다. 낡은 양복을 입고 막막한 표정으로 공원 벤치에 앉아 있는 이 남자는 지금 막 실직한 가장처럼 보입니다. 예상한 바와 같이 이 작품의 제목은 〈실업자Unemployed〉

〈실업자〉, 페르디난트 호들러, 1891년

입니다.

〈실업자〉를 그린 페르디난트 호들러Ferdinand Hodler는 스위스 화가입니다. 호들러는 사랑, 질병, 죽음 등 인생의 보편적 양상을 그림으로 표현했습니다. 철학에서 다룰 법한 주제들이지요. 그래서인지 〈선택받은 자The Chosen One〉〈낮The Day〉〈밤The Night〉과 같은 그의 대표작들을 살펴보면 신비한 느낌이 들고, 그림 속 주인공들은 어떤 종교 의식을 치르는 사람들처럼 보이기도 합니다.

그에 비해 〈실업자〉는 지극히 현실적인 일상의 한 장면처럼 보입니다. 실제로 공원 어딘가에 이런 남자가 존재할 것만 같지요. 눈에 보이는 것보다 더 깊은 이야기가 숨겨져 있을 것 같기도 합니다. 비교적 희미하게 표현된 배경에 비해서 실직한 남자의 허탈해하는 모습은 뚜렷하게 그려져 있습니다. 두드러지는 주름이나 구겨진 양복, 기도하듯 맞잡은 두 손 모두 주인공의 근심을 잘 드러냅니다.

'이 나이에 어떻게 다시 직장을 구할까' '당장 생활비는 어떻게 마련할까'와 같은 현실적인 고민과 복잡한 심경이 그림을 보는 이에게도 전해 오는 듯합니다.

직장을 스스로 관두어도 실업자인가요?

앞의 그림에 나타난 모습과 같이 보통 일자리를 잃은 사람을 실업자라고 부릅니다. 경제학에서 실업이란 일할 의사와 능력이 있는데도 불구하고 일자리가 없는 상태를 말합니다. 여기에서 중요한 것은 의사와 능력이 있어야 한다는 전제 조건입니다. 예를 들어 초등학생은 실업자로 보지 않습니다. 본인이 일할 의사가 있다 하더라도 아직 어려서 일할 능력이 없다고 보기 때문입니다. 그래서 실업자에 해당하는 나이는 보통 만 15세부터 64세까지입니다. 하지만 이 나이더라도 스스로 일할 의사가 없거나 일할 능력이 부족하면 역시 실업자라고 보지 않습니다.

실업은 크게 두 가지로 나눌 수 있습니다. 본인이 원치는 않았지만 타의에 의해 직장을 잃는 경우가 있고, 자발적으로 직장을 그만두는 경우도 있습니다. 실업자가 되는 것을 본인이 선택한 경우지요.

타히티의 원시를 그린 화가로 유명한 폴 고갱의 이야기를 해 볼까요. 고갱은 원래 잘 나가는 주식 중개인이었습니다. 하지만 10년이나 해 온 이 일을 35세에 관두게 됩니다. 일을 그만둔 데는 두 가지 이유가 있었습니다. 한 가지 이유는 외부적 요인 때문이었습니다. 1882년 주식 시장이 붕괴되면서 주변의 많은 사람이 실직자가 되었습니다. 고갱 역시 이런 모습을 보며 직장을 관두어야 할지 고민했지요. 다른 한 가지 이유는 취미 생활로 이어 오던 그림 그리는 일에 제대로 전념하기 위해서였습니다. 고민하던 고갱은 결국 1885년 직장을 관두고 화가가 되어 본격적인 작품 활동을 합니다.

고갱처럼 스스로 직장을 관둔 경우를 '자발적 실업'이라고 합니다. 특히 많은 사람들이 보수나 근무 환경, 적성 등이 맞지 않다는

〈**팔레트를 들고 있는 자화상**Self-Portrait with a Palette〉, 폴 고갱, 1893년
고갱의 화가로서의 자부심이 잘 드러나 있다.

이유로 원래 다니던 직장을 관두고 다른 직장이나 직업을 찾기 위해 실업자가 됩니다. 이런 자발적 실업의 한 종류를 '마찰적 실업'이라고 합니다. 전에 일하던 직장과 후에 일하고 싶은 직장 사이의 마찰이 발생하기 때문에 생긴 실업이라는 뜻이지요.

자발적 실업은 스스로 직장을 관둔 것이기에 사실 큰 문제가 되지는 않습니다. 다른 직업을 찾기 위해 직장을 관둔 경우라 실업 기간도 대체로 길지 않습니다. 마찰적 실업에는 새로운 직업 정보를 알려 주는 것이 최고의 해결책입니다.

비자발적 실업의 종류

자발적 실업과 달리, 본인이 원하지 않았지만 외부적 요인으로 일
자리를 잃기도 합니다. 이렇게 일하고 싶은 의사가 있고 일할 능력
이 있는데도 발생하는 실업을 '비자발적 실업'이라고 합니다.

비자발적 실업은 크게 세 가지를 들 수 있습니다. 첫째, 경기적
실업입니다. 자본주의 역사를 보면 경제 활동이 활발히 이루어지는
호황기와 활발하지 못한 불황기가 어느 정도 규칙적으로 반복됩니
다. 이 중 불황기에 생산과 투자가 활발하지 못해 발생하는 실업을
경기적 실업이라고 합니다.

1997년 우리나라의 외환 위기 당시 발생한 대규모 실업이 대
표적인 사례입니다. 당시 외환 부족과 기업 부도로 우리 정부는
IMF(국제통화기금)로부터 돈을 빌리게 되었습니다. 많은 기업이 도
산했고, 살아남은 기업들도 구조 조정을 감행하여 외환 위기를 겪
은 직후인 1999년에는 무려 136만 명 이상이 일자리를 잃게 되었
지요. 앞서 본 1930년대 미국의 경제 대공황 시기에도 경기적 실업
이 발생했습니다. 당시 미국 인구의 네 사람 중 한 사람이 실업자일
정도로 심각한 수준이었습니다.

경기적 실업은 일단 경기가 불황에서 벗어나야 해결됩니다. 경

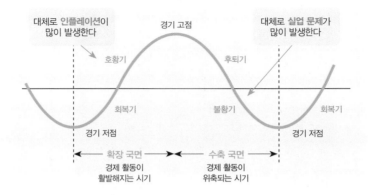

대체로 **인플레이션**이
많이 발생한다

경기 고점

대체로 실업 문제가
많이 발생한다

호황기

후퇴기

회복기

불황기

회복기

경기 저점

경기 저점

◀——— 확장 국면 ———▶◀——— 수축 국면 ———▶

경제 활동이
활발해지는 시기

경제 활동이
위축되는 시기

경기 변동을 나타낸 그래프

제 대공황 당시 미국 정부는 댐이나 도로 건설 등 대규모 공공사업을 실시했지요. 이에 일자리가 늘면서 소비가 활발해지고 기업도 점차 생산을 늘렸습니다. 이는 다시 고용 증가로 이어졌고요. 이렇듯 정부가 주도하여 일자리를 만들고 경기를 회복하는 방식으로 실업 문제를 해결했던 것입니다.

비자발적 실업의 둘째 유형은 구조적 실업입니다. 이는 새로운 기술이 발달하면서 기존의 기술이나 직업이 필요 없어지거나 특정 산업 분야가 쇠퇴하는 등 사회 구조가 바뀌면서 발생합니다.

역사상 구조적 실업은 산업 혁명기에 대규모로 벌어졌습니다. 동력으로 움직이는 기계가 발명되어, 그 전까지 수공업에서 기술을 발휘하던 숙련된 노동자들이 굳이 생산 현장에 필요하지 않게 되었습니다. 공장에서 기계를 조작해 상품을 생산하는 데는 특별한

〈러다이트 운동〉, 1812년
'네드 러드Ned Ludd'라는 노동자가 실수로 기계를 망가뜨린 후, 일부러 기계를 부순
노동자들이 러드가 부셨다며 핑계를 댔다는 일화 덕분에 '러다이트 운동'이라고 불렸다.

기술이 필요하지 않았으니까요. 취직을 하더라도 예전의 기술을 써
먹을 수 없으니, 전과 비교하여 터무니없이 낮은 임금을 받아야 했
지요. 당시 숙련 노동자들은 일자리를 잃은 데 불만을 품고 공장의
기계를 부수기도 했는데, 이를 '러다이트 운동Luddite Movement(기계 파
괴 운동)'이라고 합니다.

　구조적 실업은 오늘날에도 일어나고 있습니다. 컴퓨터나 인공
지능이 점차 인간의 일을 대신할 수 있게 되면서 사라질 직업이 많
아진 것이지요. 예를 들어 20년 전만 하더라도 은행원들이 출금이

공장에서 자동차를 생산하는 산업용 로봇
기계가 인간의 일을 대체하게 되면서 구조적 실업이 발생할 수 있다.

나 입금, 계좌 이체 등 고객의 요청 사항을 직접 처리했지만, 이제는 ATM(현금 자동 입출금기)이 은행의 간단한 업무를 대신해 줍니다. 앞으로도 기술이 발전하여 기계나 컴퓨터, 인공 지능이 할 수 있는 일이 점점 늘어나는 만큼 은행원의 필요성은 줄어들 것입니다.

많은 학자들은 미래에 회계사나 텔레마케터, 부동산 중개인, 보조 교사, 주유원 등의 자리를 인공 지능이 차지할 수 있다고 전망합니다. 이에 산업 혁명기와 비슷하게 첨단 기술의 발달을 거부하는 운동이 일어나고 있는데, 이를 '네오 러다이트Neo Luddite'라고 합니다. 네오 러다이트 운동가들은 첨단 기술의 발달이 인류의 미래를 위협한다면서 컴퓨터를 부수는 행사를 벌이기도 합니다. 하지만 앞

다양한 직종에서 일하는 사람들

으로의 구조적 실업에 대비하는 근본적인 방법은 사람들에게 새로운 직업을 얻도록 지원하거나 새로운 분야의 기술을 교육하는 일일 것입니다. 인공 지능의 발달로 없어지는 직업이 있다면 새롭게 떠오르는 직업도 반드시 있을 테니까요. 예를 들면 인공 지능이나 가상 현실 전문가, 인간 간의 정서 교류가 중요한 직업 등은 새로운 시대에 각광받겠지요.

비자발적 실업의 셋째 유형으로 계절적 실업이 있습니다. 어떤 직업은 특정한 계절에만 필요합니다. 농사 기술이 발달하면서 그 양상이 달라지고 있지만, 농사를 짓는 경우 추수가 가을에 끝나기 때문에 계절적 실업으로 분류할 수 있습니다. 건설업에 종사하는 사람들이나 스키 강사와 같은 직업을 가진 사람들도 마찬가지입니다.

이런 유형의 실업은 일을 쉬는 계절에 할 수 있는 직업을 소개해 주거나 공공 근로에 계절적 실업자들을 동원하는 방법으로 해결할 수 있습니다.

비자발적 실업이 대량으로 일어나면 가계의 소비가 위축되고 상품의 수요가 줄어듭니다. 이는 기업의 생산과 투자 감소로 이어져 경기가 불황에 빠지거나 경제 성장이 둔화될 수 있습니다. 그뿐만 아니라 대량 실업이 발생하면 중산층이 몰락하면서 빈부 격차가 심해지고, 범죄가 늘거나 빈민이 발생할 수 있습니다. 이 때문에 각국 정부는 대량 실업을 해결하기 위해 적극적으로 노력합니다.

자신의 자리를 되찾을 수 있을까

호들러의 〈실업자〉 속 남자는 어쩌면 가족의 생계를 걱정해야 하는 가장일 수도 있습니다. 직장을 잃는 것은 단순히 한 사람의 일자리가 없어지는 정도의 의미가 아닙니다. 당사자뿐 아니라 그 가족들까지 경제적 어려움을 겪고, 때로는 가족이 해체되는 비극이 벌어지기도 합니다.

개인적으로도 갑작스럽게 일자리를 잃은 사람들은 큰 좌절감을 느낍니다. 사회 구성원으로서, 인간으로서의 자기 자리가 없어졌다고 느끼는 순간, 상실감과 허무함은 물론 박탈감이나 세상을 원망하는 마음이 들기도 하지요. 실업자들의 이러한 마음을 헤아려 보니, 호들러의 그림 속 힘없이 고개를 떨군 남자의 어깨를 두드리며 위로하고 싶어집니다.

정리 하기

1. 실업이란 일할 능력과 의사가 있는데도 일자리가 없는 상태를 말한다.
2. 실업의 종류에는 자발적 실업과 비자발적 실업이 있다.
3. 자발적 실업은 일할 능력이 있지만 일하지 않는 상태로, 이직 시기에 일시적으로 발생하는 마찰적 실업이 속한다.
4. 비자발적 실업은 타의에 의해 일자리를 잃은 상태로, 경기적 실업, 구조적 실업, 계절적 실업 등이 해당된다.
   • 경기적 실업은 경기 불황으로 노동 수요가 줄어들어 발생한다.
   • 구조적 실업은 기술의 발달이나 산업 구조 조정에 따라 발생한다.
   • 계절적 실업은 농업이나 건설업 등 계절 변화에 따라 고용 기회가 감소하여 발생한다.

실업자가 되기도
쉽지는 않다!

지니는 삼촌이 대학을 졸업하고 반년째 일자리를 구하지 못하고 있다는 소식을 들었다. 결국 삼촌이 취직을 포기하고 유학을 가겠다고 하는 통에 할머니의 근심이 깊어졌다는 이야기도 들렸다.

지니 선생님, 저희 삼촌이 취업을 포기한 지 벌써 3개월이나 됐대요. 삼촌이 지금 우리나라 실업률을 높이고 있네요.

선생님 안타까운 일이구나. 근데 엄밀히 말하면 너희 삼촌은 실업률을 높이고 있지는 않단다. 실업률 통계에는 몇 가지 함정이 있기 때문이지.

지니 실업률 통계의 함정이라고요?

선생님 우리나라는 15세 이상을 생산 가능 인구로 보는데, 그중 일할 능력과 의사를 가진 사람들을 '경제 활동 인구'로 분류하지. 실업률 통계를 구하려면 경제 활동 인구만을 대상으로 해야 한단다.

지니 그럼 열일곱 살인 저도 실업률을 구하는 데 들어가나요?

선생님 아니. 지니는 학생이고 당장 취업하려는 것도 아니니, 일할 의사가 없거나 또는 능력이 없는 '비경제 활동 인구'에 속한단다. 전업주부나 장애인, 노인, 군 복무 중인 군인 등이 포함되지. 지니

삼촌 역시 여기 포함된단다. 일할 의사가 있었지만, 취업을 '포기'하고 구직 활동을 적극적으로 하지 않고 있으니까.

지니 아, 그래서 삼촌은 통계상 실업자에 포함되지 않는군요.

선생님 맞아. 요즘에는 청년들이 만족스러운 직장에 취업하기 어려워지면서 구직 단념자들이 꽤 많아졌는데 이들은 전부 실업 통계상 비경제 활동 인구가 되어 버리지. 사실 그래서 현재의 실업률은 완벽하다고 보기 어려워.

지니 그럼 통계상 실업자로 분류되는 사람들은 누구인가요?

선생님 경제 활동 인구 중 실업자는 일할 능력과 의사가 있는 데다, 지난 한 달간 구직 활동을 적극적으로 했는데도 일자리를 구하지 못한 사람들을 가리킨단다. 실업자가 경제 활동 인구 중에서 차지하는 비율을 실업률이라고 하고.

지니 그럼 선생님은 경제 활동 인구 중 취업자에 속하시겠네요?

선생님 그렇지. 하지만 취업자를 구하는 데도 함정이 있어. 취업자는 조사 기간 1주 중 수입을 목적으로 1시간 이상 일한 사람들을 가리켜. 그런데 사실 1시간을 일하는 건 단기 아르바이트나 시간제 근로도 가능하지. 정규직이 아니라서 자신을 실업자라고 여기는 사람도 사실 수입이 있어서 통계상으로는 취업자로 분류돼. 이런 기준으로는 실제로 느끼는 것보다 취업자가 많아진단다.

지니 그럼 통계상의 함정 때문에 실업률도 실제로 느끼는 것보다 낮아질 수 있겠네요? 요즘 세상에 취업하기도 어렵지만 통계상 실업자가 되기도 쉽지 않다니!

죽어 가는 아내의 모습을
그림으로 남긴 화가

1853년 스위스 베른에서 태어난 페르디난트 호들러는 인생에 우여곡절이 많았습니다. 열다섯 살에 아버지에 이어 어머니까지 여의고 고아가 되었습니다. 후에 제네바로 가서 화가 교육을 받아 스위스의 대표적 상징주의 화가가 됩니다.

〈선택받은 자〉, 페르디난트 호들러, 1893~1894년경

〈죽어 가는 발렌틴Valentine Godé-Darel on Her Sickbed〉, 페르디난트 호들러, 1914년

호들러는 여러 명의 여성들을 만나고 헤어지며 두 번의 이혼을 겪었는데, 마침 내 56세의 나이에 도자기 화가 발렌틴 고데 다렐Valentine Godé-Darel과 결혼하면 서 정착합니다.

그는 발렌틴을 진정으로 사랑했습니다. 그러나 결혼한 지 몇 년 안 되어 발 렌틴이 안타깝게도 암에 걸리고 맙니다. 호들러의 극진한 간호에도 3년의 투병 끝에 그녀는 1915년 결국 숨을 거두게 됩니다. 호들러는 죽어 가는 아내의 모습 을 여러 장의 그림으로 남겼습니다. 이 그림들에는 점점 생기를 잃어 가는 사랑 하는 여인의 모습을 안타까워하는 호들러의 마음이 담겨 있습니다.

불평등도
측정할 수 있나요?

#도미에의 〈삼등 열차〉로 본 소득 불평등과 빈부 격차

상반된 객실 풍경

좁은 열차 안이 사람들로 빽빽합니다. 겨우 비집고 앉은 한 여인은 아이에게 젖을 물리고 있고, 바구니를 꼭 쥔 할머니는 일하러 가기에는 연로해 보입니다. 할머니에게 기대어 잠든 아이도 고단한 듯 축 늘어져 있습니다. 다른 사람들도 생활에 지쳤는지 웃음도 여유도 없어 보입니다.

오른쪽 그림의 열차는 좀 더 널찍해 보입니다. 네 명의 승객이 편안하게 등을 기대고 앉아 창밖을 바라보거나 신문을 읽는 등 자기만의 시간을 보내고 있습니다. 옷차림이나 모자 또한 왼쪽 그림 속 인물들에 비해 화려합니다. 그들은 부와 사회적 지위를 충분히 누리는 사람들로 보입니다.

〈삼등 열차〉, 오노레 도미에, 1862~1864년

　　두 그림은 모두 프랑스의 사실주의를 대표하는 화가, 오노레 도
미에Honoré Daumier가 그린 작품입니다. 도미에는 가난한 유리 직공의
아들로 태어났습니다. 어릴 때부터 돈을 벌어야 했던 그는 가난하
고 소외된 이웃들의 삶을 가까이에서 지켜보며 자랐습니다.

　　도미에가 살았던 19세기 프랑스에서는 산업 자본주의가 한창 발
달하고 있었습니다. 돈 많은 자본가 계급인 부르주아들은 공장이나
회사를 운영하며 부副를 쌓았습니다. 반면 노동자 계급은 생계를 위
해 낮은 임금과 긴 노동 시간을 견뎌야 했습니다. 부자들은 가난한

〈일등석 열차〉, 오노레 도미에, 1864년

사람들에게 겨우 생계를 유지할 만큼의 임금만 주며 자신들의 배를
불려 나갔고, 가난한 사람들은 긴 시간 열심히 일해도 더욱 가난해
지는 상황에 놓여 있었습니다.

이렇게 빈부 격차가 극심해지는 상황 속에서 도미에는 서민들의
어려운 생활상을 미화하지 않고 사실적으로 묘사했습니다. 당시 막
대한 부를 축적하던 자본가 계급의 위선과 탐욕을 날카롭게 풍자
하는 그림도 많이 남겼습니다. 다른 화가들이 외면하는 사회의 어
두운 현실, 부정부패나 질병, 가난의 문제를 꾸준히 화폭에 담아냈

습니다.

〈삼등 열차The Third Class Wagon〉는 오노레 도미에의 대표작으로 꼽히는 작품입니다. 19세기 당시 소외된 노동자 계층이었던 삼등 열차 승객들의 모습이 가감 없이 담겨 있습니다.

〈일등석 열차The First Class Carriage〉는 〈삼등 열차〉를 완성하고 얼마 뒤에 그린 작품입니다. 이 작품에 묘사된 일등석 객실의 모습은 여러모로 〈삼등 열차〉의 모습과 대비되어 보입니다.

이 작품들은 이코노미석, 비즈니스석, 퍼스트 클래스석으로 나뉘는 비행기 좌석을 연상하게 합니다. 이들 좌석은 크기나 발을 뻗을 수 있는 공간, 제공되는 음식이나 서비스 등에서 차이가 나지요. 물론 오늘날 항공사의 이코노미석이 〈삼등 열차〉에 나오는 객실처럼 열악한 수준은 아닙니다. 하지만 가장 저렴한 이코노미석을 타면, 비즈니스석이나 퍼스트 클래스석을 탈 때보다 어느 정도 불편함을 감수해야 하는 것은 사실입니다. 가격에 따른 차별이 존재하는 것이지요.

소득을 키에 비유한다면? ― 난쟁이들의 행진

몇 년 전부터 SNS나 일상생활에서 '금수저' '흙수저' 같은 신조어가 흔히 쓰이고 있습니다. 이른바 수저 계급론을 설명하는 말인데, '은수저를 입에 물고 태어났다'는 서양 속담에서 비롯되었다고 합

수저 계급 기준표

다이아수저	자산 30억 원 이상 or 가구 연 수입 3억 원 이상	상위 0.1%
금수저	자산 20억 원 이상 or 가구 연 수입 2억 원 이상	상위 1%
은수저	자산 10억 원 이상 or 가구 연 수입 8000만 원 이상	상위 3%
동수저	자산 5억 원 이상 or 가구 연 수입 5500만 원 이상	상위 7.5%
흙수저	자산 5000만 원 미만 or 가구 연 수입 2000만 원 미만	–

출처: 경향신문, 2015. 10. 15.

니다. 수저 계급론은 부모의 재산과 사회적 지위에 따라 그 자녀들이 금수저, 은수저, 동수저, 흙수저로 나뉨을 나타냅니다. 수저 계급의 구체적 기준을 알려 주는 정보나, 자신이 흙수저인지를 판단하는 기준표가 인터넷에 떠돌아다니기도 합니다.

이런 수저 계급론이 등장한 이유는 무엇 때문일까요? 우리나라의 경제 성장기에는 계층 이동이 활발하여 '누구나 노력하면 부자가 될 수 있고, 높은 지위에도 오를 수 있다'고 생각하는 사람이 많았습니다. 부모는 자식들에게 열심히 공부해서 성공하라고 가르쳤고, 이는 높은 교육열로 나타났지요. 하지만 어느 때부터인가 '개인의 노력'보다는 '부모의 재산이나 지위'가 자식의 계급에 더욱더 큰 영향을 미친다는 인식이 사회 전반에 퍼졌습니다. 수저 계급론은 바로 이러한 사회 인식을 반영하고 있습니다.

수저 계급론이 널리 퍼질 만큼 우리 사회가 예전보다 불평등해진 것일까요? 우리 사회의 불평등, 특히 경제적 불평등은 객관적으로 어느 정도일까요? 경제적 불평등도 키나 몸무게처럼 측정할 수 있는 것일까요?

경제적 불평등을 알아보기 위해 가장 쉽게 비교해 볼 수 있는 것이 사람들의 소득이지요. 2017년 근로 소득자의 평균 소득은 약 3360만 원입니다. 하지만 이 평균 소득으로는 얼마나 사회가 불평등한지를 전혀 알 수 없습니다. 사람마다 가진 직업과 역할에 따라 소득이 다르기 때문입니다.

네덜란드의 경제학자 얀 펜Jan Pen은 1971년에 출간한 『소득 분배Income Distribution』라는 책에서 소득 불평등을 한눈에 알아볼 수 있는 기발한 방법을 제안했습니다. 이른바 '난쟁이 행렬'이라고 일컬어지는 방법입니다.

난쟁이 행렬에서 사람들의 키는 그들의 소득을 나타냅니다. 소득이 가장 적은 난쟁이부터 소득이 가장 많은 거인까지 1시간 동안 순서대로 등장시키며 줄을 세웁니다. 행렬에서 각자의 키가 얼마이며, 언제쯤 등장하는지를 살펴보면 한 사회의 소득 불평등을 측정할 수 있지요.

다음 그래프는 얀 펜의 난쟁이 행렬을 우리나라 국세청의 2014년 자료를 바탕으로 재구성한 것입니다. 우리나라 평균 소득자의 키를 남성의 평균 키에 가까운 175cm로 잡았습니다.

행렬의 맨 앞에 위치하는 사람은 키가 0.01cm밖에 안 됩니다. 1년에 평균 2313원을 버는 사람이죠. 파산한 사람이나 전업주부, 실업자, 장사가 되지 않는 노점상을 운영하는 사람들이 이에 속합니다.

그 이후로도 사람들의 키는 좀처럼 커지지 않고 난쟁이들의 행

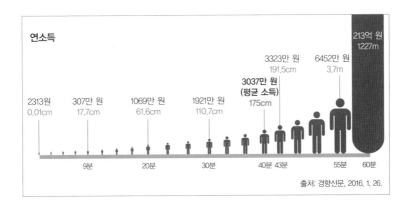

연소득

213억 원
1227m

3323만 원
191.5cm

6452만 원
3.7m

3037만 원
(평균 소득)
175cm

2313원
0.01cm

307만 원
17.7cm

1069만 원
61.6cm

1921만 원
110.7cm

9분   20분   30분   40분 43분   55분   60분

출처: 경향신문, 2016. 1. 26.

렬이 계속 이어집니다. 계속 난쟁이들의 행렬이 이어지죠. 행렬을
시작한 지 40분 정도 지난 후에야 겨우 평균 키를 가진 사람들이 나
타납니다. 이 사람들이 평균 소득을 가진 이들입니다.

평균 소득 이후의 사람들은 빠르게 키가 커집니다. 마지막 6분
정도 되면 키가 무려 3.87~6.34m에 달하는 사람들이 등장하는데,
이 사람들이 소득 상위 10%에 속하는 사람들입니다. 이미 평균을
훨씬 뛰어넘는 거대한 소득을 가진 거인들이지요. 의사나 변호사,
금융인 등이 여기에 해당합니다.

가장 충격적인 것은 마지막 60분에 등장하는 거인입니다. 이 거
인은 키가 1227m에 달합니다. 평균 소득의 7배 이상을 벌어들이는
사람들이지요. 행렬에 속해 있는 평범한 사람들은 1227m의 거인을
올려다보지도 못합니다. 기껏해야 이 사람의 발 정도나 보이겠죠.

이 행렬을 보면 국가의 평균 소득은 큰 의미가 없어 보입니다. 평
균 소득에 미치지 못하는 돈을 버는 사람들의 행렬이 전체 행렬 시

간의 3분의 2인 약 40분 동안이나 이어지기 때문입니다. 평균 소득에 미치지 못하는 사람들은 매우 많지만, 행렬 후반 20분 동안 등장하는 소수 거인들의 소득이 매우 크기 때문에 그들이 우리 사회 전체 소득의 평균값을 끌어올린다는 의미지요.

난쟁이 행렬을 통해 우리 사회의 경제적 불평등을 대략적으로 파악할 수 있습니다. 소득이 공평하게 분배된 사회라면 행렬에서 사람들의 키가 대부분 비슷할 것입니다. 하지만 난쟁이들이 긴 줄을 이어 가다가 갑자기 행렬의 가장 끝에 엄청난 거인들이 등장한다면, 이는 소득이 낮은 사람들과 소득이 높은 사람들 사이의 격차가 크게 벌어져 있음을 의미합니다. 특히 후반부에 등장하는 거인의 키가 크면 클수록 사회 전체의 소득 중 대부분을 소수의 사람이 차지하고 있다는 뜻입니다. 따라서 위의 난쟁이 행렬을 통해 우리나라의 소득 불평등이 심각한 수준에 이르렀음을 알 수 있습니다.

왜 부자들은 점점 더 부자가 될까?

우리나라에서는 가끔 이해하기 어려운 일들이 벌어집니다. 2018년 2분기 산업통상자원부 자료에 따르면 대형 마트의 매출이 3% 줄어들었다고 합니다. 경기가 좋지 않다는 신호라고 볼 수 있습니다. 그런데 백화점 해외 명품 매장의 매출액은 전년도보다 13.5% 늘어났다고 합니다. 형편이 어려운 사람이 많다는데도, 고가의 수입 승용

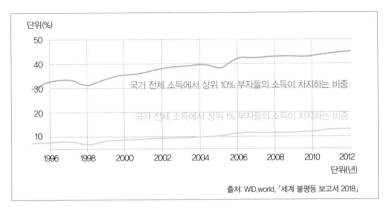

단위(%)

국가 전체 소득에서 상위 10% 부자들의 소득이 차지하는 비중

국가 전체 소득에서 상위 1% 부자들의 소득이 차지하는 비중

단위(년)

출처: WID.world, 「세계 불평등 보고서 2018」

한국의 소득 불평등 추이(1996~2012)

차가 미국이나 독일만큼 잘 팔리는 곳이 우리나라입니다.

가난할수록 더욱 가난해지고, 부자일수록 더욱 부자가 되는 '빈익빈 부익부' 현상이 심각해지고 있는 것은 아닐까요? 위 그래프를 통해 살펴봅시다.

위 그래프는 전 세계 70여 개국의 소득 분배를 연구하는 학자 100명의 네트워크인 '세계 부와 소득 데이터베이스WID.world'가 발표한 「세계 불평등 보고서 2018World Inequality Report 2018」에 실린 자료입니다. 1996년부터 2012년까지 우리나라 상위 1%의 부자들과 상위 10%의 부자들이 국가 전체 소득에서 가져가는 비중을 나타냅니다.

그래프에서 상위 1% 부자와 상위 10% 부자의 소득은 모두 1996년보다 2012년에 더 많은 비중을 차지합니다. 1996년에는 상위 1%의 부자가 가져가는 몫이 국가 전체 소득의 7.3%였는데, 그 수치가 대체로 꾸준히 올라 2012년에는 12.3%를 차지합니다. 상위

232 • 233

10%의 부자 역시 1996년에는 국가 전체 소득의 32.6%를 가져갔는데, 2012년에는 무려 44.2%의 몫을 가져갔습니다. 달리 말하면, 2012년에는 상위 10%의 부자를 제외한 나머지 90%의 사람들이 국가 전체 소득의 55.8%만을 나누어 가진 것이죠.

이 그래프는 부자들에게 소득의 쏠림 현상이 갈수록 심각해지고 있음을 알려 줍니다. 부자들은 예전보다 더 큰 몫을 누리지만, 그렇지 못한 이들은 예전보다 더 작은 몫을 나누어 가진다는 뜻입니다.

이렇게 소득이 극과 극으로 분포되는 소득 양극화는 우리나라만의 문제는 아닙니다. 다음 그래프를 통해 전 세계적 차원에서의 소득 불평등 현황을 살펴봅시다.

다음 그래프는 1980년부터 2016년까지 세계 상위 1% 부자들과 하위 50% 사람들의 소득이 전 세계 소득에서 차지하는 비중을 나타낸 것입니다. 비록 그 변화의 오르내림은 있었지만, 전반적으로 1980년에 비해서 2016년에 상위 1%의 부자들의 소득이 전 세계 소득에서 차지하는 비중이 커지고 있습니다. 심지어 그 수치가 20%를 넘어가고 있지요.

그에 비해 하위 50%의 사람들은 어떤가요? 큰 폭의 변화는 없습니다. 게다가 그들이 전 세계 소득에서 가져가는 몫은 고작 10%가 안 됩니다. 즉 하위 50%의 사람들은 전 세계 인구의 절반에 해당하는데도, 상위 1%의 사람들보다 더 적은 소득으로 살고 있다는 뜻입니다.

지금까지 우리나라를 비롯하여 전 세계에서 소득의 양극화가 진

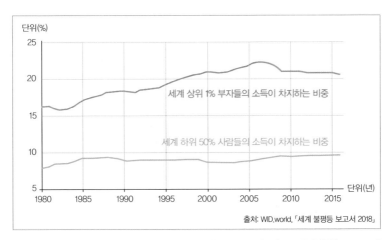

단위(%)

출처: WID.world, 「세계 불평등 보고서 2018」

세계 상위 1% 부자들의 소득 독점 심화(1980~2016)

행되고 있음을 살펴보았습니다. 이러한 추세가 지속된다면 미래에
는 부자와 그렇지 못한 사람들 간의 소득 격차는 더욱 크게 벌어질
것입니다.

다 함께 잘사는 세상

여러분의 미래 희망 연봉은 얼마인가요? 꿈을 크게 가져서 그 금액
이 1억 원이라고 한다면, 이는 대한민국 소득 상위 3% 수준입니다.
난쟁이 행렬에서 키가 5m가 넘는 엄청난 거인이지요. 하지만 희망
연봉이 그 절반인 5000만 원이라 해도 상위 17% 정도로, 이를 키로
환산하면 2.88m의 거인입니다.

지하철로 출퇴근하는 현대인들

　소득 행렬에서 거인이 되고자 개인적으로 노력하는 것도 중요합니다. 하지만, 그저 내가 난쟁이가 되지 않으면 괜찮은 것일까요? 난쟁이와 거인 간의 격차가 커지지 않도록, 다 함께 잘살 수 있는 방법을 생각해 볼 필요도 있습니다.

　빈부 격차가 극심한 수준에 있는 브라질의 상황을 살펴볼까요. 브라질에서는 상위 5% 사람들이 전체 부의 70%를 가지고 있는 반면, 60% 이상의 사람들은 가족당 월소득 60만 원이 안 되는 돈으로 생활하고 있습니다. 브라질은 유독 헬리콥터로 출퇴근하는 부자들이 많고, 방탄차 수요도 커서 전 세계 시장에서 매출 1위를 차지합니다. 왜 이런 일이 벌어질까요? 부의 편중이 심하다 보니 가난한 사람들이 많고, 이들 중 일부가 쉽게 절도, 강도 등 범죄의 길로 빠지기 때문입니다. 브라질 리우데자네이루에서는 1시간당 13건꼴로 이런 사건들이 일어난다고 합니다.

이렇듯 빈부 격차가 심각해지면 사회 불안이 확산하고, 계층 간 갈등도 커집니다. 빈부 격차를 사회 문제로 인식하고, 이를 해결할 방법은 없는지 모두가 관심을 기울여야 합니다.

정리하기

1. 경제학자 얀 펜은 소득 불평등을 한눈에 볼 수 있게 '난쟁이 행렬'을 고안했다.
2. 난쟁이 행렬에서 난쟁이가 서 있는 줄이 오래 이어지다가 뒤쪽에서 갑자기 거인들이 등장한다면, 이는 사회의 소득이 소수에게 집중되어 있음을 의미한다.
3. 「세계 불평등 보고서」에 의하면 한국 사회에서 부자들이 전체 소득에서 차지하는 비중은 1996년보다 2012년에 더욱 커졌다. 이는 한국의 소득 불평등이 심화했음을 의미한다.
4. 「세계 불평등 보고서」에 의하면 세계 상위 1%의 부자들이 가져가는 몫이 점점 늘어나고 있다. 이는 세계 곳곳에서 빈부 격차가 심화하고 있음을 의미한다.

세상에 금수저와 흙수저만
남는다면?

/ 양극화의 문제점 /

지니는 엄마가 최근 부동산 가격 상승 때문에 전셋집을 옮겨야 할지 걱정하시는 것을 보았다. 뉴스에서는 투기 목적으로 집을 여러 채 사는 사람들과 신혼집을 마련하기 어려운 신혼부부들의 이야기가 보도되었다.

지니   선생님, 세상은 참 불공평한 것 같아요. 최근 제가 사는 아파트 가격이 올라서 기사를 찾아보니, 집을 가진 사람 중 상위 100명이 주택을 1만 4000채 정도 갖고 있대요. 우리 가족은 집이 한 채도 없는데 말이에요.

선생님   그것참, 쓸쓸한 이야기네. 사실 부동산 시장을 비롯한 사회 전반에서 양극화 현상이 점점 심해지고 있단다.

지니   양극화라고요?

선생님   서로 다른 계층 간의 차이가 양쪽으로 극심해진다는 뜻이야. 특히 경제적 양극화는 소득이나 자산이 많은 계층과 그렇지 않은 계층 간의 차이가 점차 벌어지는 걸 말한단다.

지니   부자는 점점 더 부자가, 가난한 사람은 점점 더 가난한 사람이 되는 거네요.

선생님 그렇지. 주로 중산층이 몰락해서 저소득층이 되면서 양극화가 진
       행되는 경우가 많아. 중산층은 경제·문화적 수준과 사회적 지위
       가 중간 정도인 사람들인데, 이들의 비중이 높을수록 상위 계층
       과 하위 계층 사이의 갈등을 잘 완화해 줄 수 있단다. 그렇지 않
       으면 사회 갈등이 더 커지지.

지니   그럼 우리나라도 중산층이 몰락하고 양극화가 심해지고 있는 건
       가요?

선생님 맞아. 양극화가 본격적으로 시작된 건 1997년 외환 위기 때였단
       다. 파산이나 실직으로 중산층이 대거 하위 계층으로 편입됐지.

지니   그런데 양극화가 심해지는 게 왜 문제가 되나요?

선생님 일단 계층 간 차이가 커지다 보니 하위 계층에서 상위 계층으로
       올라가는 일이 거의 불가능해지지. 그렇게 되면 하위 계층의 불
       만이 높아지면서 계층 간 갈등이 커지고, 범죄가 늘어나는 등 사
       회 불안이 커질 수 있어. 또 많은 사람이 근로 의욕을 잃어 경제
       발전에도 악영향을 끼칠 수 있단다.

지니   세상이 금수저와 흙수저로만 나뉜다면, 정말 살맛이 안 날 것 같
       아요.

선생님 맞아. 그래서 양극화가 심해지지 않도록 사회 구성원들이 협력해
       서 해법을 찾는 일이 중요하지.

풍자화의 대가,
오노레 도미에

불룩한 배를 한껏 내민 거인 왕은 게걸스럽게 금화를 먹어 치웁니다. 가난한 백성들은 탐욕스러운 국왕에게 세금을 바치느라 힘겨워 보입니다. 의자 아래에는 국왕의 배설물을 받으려는 정치인들이 분주하게 움직입니다.

〈가르강튀아 Gargantua〉는 오노레 도미에가 그린 풍자화입니다. 당시 프랑스의 국왕이었던 루이 필리프 1세가 노동자를 억압하고, 부자들을 위한 정책을 펼친 것을 신랄하게 비판한 작품입니다.

〈가르강튀아〉, 오노레 도미에, 1831년
도미에가 한 잡지에 프랑스의 국왕 루이 필리프 1세를 풍자하며 그린 그림이다.

도미에는 국왕과 상류층의 정치를 비판하는 풍자화를 그려 국왕의 분노를 샀고, 이 때문에 감옥에 갇힌 적도 있습니다. 이후에는 정치를 직접 비판하는 풍자화보다는 프랑스 서민들의 생활을 그리는 데 집중했지요. 〈삼등 열차〉, 〈세탁부 The Laundress 〉 등의 그림에서 그가 소외당하는 민중의 고단한 삶에 보냈던 따스한 시선을 느낄 수 있습니다. 그의 그림 속 서민들은 지치고 힘든 생활을 꾸려 가면서도 인간적인 따뜻함을 잃지 않고 꿋꿋하게 삶을 이어 나갑니다.

이렇듯 도미에는 정의롭지 못한 사회 지배자들을 날카롭게 비판하면서 가난한 이웃에 대해 애정과 연민을 드러냈던 화가였습니다.

〈세탁부〉,
오노레 도미에, 1863년경

가난 구제는 나라님도
할 수 없을까?

#무리요의 〈빈민들에게 음식을 나누어 주는 알카리의 성 디에고〉로
본 소득 재분배

가난 구제는 누가 할 수 있을까

어둠 속에 있던 사람들이 밝은 쪽으로 나와 옹기종기 모입니다. 그 가운데에는 귀여운 아이들이 자그마한 두 손을 모으고 기도하고 있네요. 아이들을 둘러싸고 서 있는 어른들은 저마다 빈 그릇을 들고 있습니다. 그들은 지금 굶주림을 해소해 줄 귀한 한 끼를 기다리고 있습니다.

왼쪽에는 두 손을 모으고 기도하는 수도사, 성 디에고가 무릎을 꿇고 앉아 있습니다. 그는 1400년 스페인 안달루시아에서 태어난 기독교 성인입니다. 성인이란 기독교에서 훌륭한 신앙을 지닌 인물을 지칭하는 말로, 가톨릭 신자들은 성인의 이름을 따서 세례명을 정하기도 하지요.

〈빈민들에게 음식을 나누어 주는 알카리의 성 디에고〉,
바르톨로메 에스테반 무리요, 1645~1646년

가난한 집안에서 태어난 디에고는 일생을 종교에 바치기로 맹세하고 프란체스코 수도원에 들어갔습니다. 이후 문지기 수도사로 임무를 다하면서 가난한 사람들을 적극적으로 도왔습니다. 한 수도사는 디에고가 수도원의 식량을 빼돌려 사람들을 돕는 게 아닌지 의심하기도 했습니다. 하지만 디에고의 몸을 수색했을 때 그의 품에서는 식량이 아닌, 아름다운 장미가 나왔다고 합니다. 이런 이유로 성 디에고는 종종 장미와 함께 성화에 등장합니다.

성 디에고는 아낌없이 자선을 베푸는 수도사의 삶을 살다가 후에 수도원 원장으로 선출되기도 했습니다. 당시 제대로 사제 교육을 받지 못한 그가 원장이 된 일은 아주 놀라운 사건이었다고 합니다. 어려운 이들을 돕고 수도원의 하잘것없는 일들을 도맡아 해 온 그의 일생은 많은 기독교인에게 큰 감동을 주었습니다.

기독교 성인으로 이름을 남긴 그는 다른 곳에도 이름을 남겼습니다. 후대 사람들이 신대륙 해안에 그의 이름을 딴 수도원을 지었는데, 결국 그것이 그 지역을 가리키는 이름이 되었습니다. 바로 미국의 샌디에이고San Diego라는 도시입니다.

한편 〈빈민들에게 음식을 나누어 주는 알카리의 성 디에고Saint Didacus of Alcalá Feeding the Poor〉를 그린 바르톨로메 에스테반 무리요Bartolomé Esteban Murillo는 가난한 부랑아와 서민들을 소재로 많은 그림을 그린 스페인의 화가입니다. 이 그림에도 경제적으로 고통받는 사람들이 등장합니다. 기도하는 성 디에고의 앞에 놓인 큰 솥에는 가난한 이들에게 나누어 줄 음식이 들어 있습니다. 행색이 남루한 가난한 사람들은 음식을 고대하고 있으면서도 신께 기도하는 중요한 순간을 방해하지는 않습니다. 음식을 담아 갈 빈 그릇을 들고 조용히 기다릴 뿐입니다.

이 그림 속 풍경은 오늘날의 무료 급식소를 떠올리게 합니다. 봉사 단체가 찾아와 독거노인이나 노숙자에게 무료로 음식을 주는 낯설지 않은 상황이지요. 한 끼를 제대로 챙기기 어려운 사람들에게 이런 무료 급식소는 분명 큰 힘이 될 것입니다.

오늘날에도 여전히 존재하는 불평등과 빈곤은 봉사 단체나 자선 사업가의 활동만으로 해결할 수 있는 문제일까요? 분명 민간단체나 개인의 힘으로는 한계가 있습니다. 오죽하면 '가난 구제는 나라님도 못 한다'는 옛 속담까지 있으니까요. 가난한 사람을 도와주는 것은 아무리 노력해도 끝이 없어 나라의 힘으로도 어렵다고 보는 것이지요. 하지만 이 속담과 달리 현대에는 많은 국가들이 불평등을 개선하고 경제적으로 어려운 사람들을 돕는 데 힘쓰고 있습니다. 소득 재분배 정책이 이러한 노력의 하나입니다.

소득 재분배란 소득 분배를 다시 한다는 뜻을 담고 있습니다. 원래 자본주의 경제 체제에서는 개인이 자유롭게 경제 활동을 할 수 있고, 재산도 가질 수 있습니다. 이런 전제 조건 안에서 자유롭게 상품을 거래하면서 분배가 이루어지고, 개인은 자기 몫을 차지합니다. 하지만 어쩔 수 없이 분배를 더 받는 사람과 그렇지 못하는 사람이 생기게 마련이지요. 이 경제적 불평등이 과도하면 사회 계층 간에 빈부 격차가 심화하여 사회 안정을 해치기도 합니다.

지나친 경제적 불평등과 이에 따른 사회 문제를 막기 위해 분배를 일부 다시 조정하는 것이 소득 재분배입니다. 오늘날 국가는 다양한 법과 제도를 통해 분배를 공정하게 하는 역할을 합니다.

사회 보장 제도, 빈곤을 막기 위한 사회 안전망

2014년 2월, 서울 송파구의 한 주택 지하에서 한 어머니와 두 딸이 자살하는 사건이 일어났습니다. 이 비극의 원인은 무엇이었을까요?
송파 세 모녀의 어머니는 직장을 잃었고, 큰딸은 만성 질환을 앓고 있었습니다. 국가에서 마련한 국민 기초 생활 보장 제도가 있었지만, 그 혜택을 받을 수 있는 기준에 맞지 않았습니다. 생활고에 시달리던 세 모녀는 깊이 좌절하여 극단적인 선택을 하고 말았습니다. 그들이 남긴 것은 전 재산 70만 원을 집세와 공과금으로 써 달라는 편지였습니다.

주인아주머니께
죄송합니다.
마지막 집세와 공과금입니다.
정말 죄송합니다.
— 송파 세 모녀가 마지막으로 집주인에게 남긴 글

송파 세 모녀 사건은 우리 사회에 큰 충격을 주었습니다. 한국은 눈부신 경제 성장으로 풍요로운 사회를 이루었지만, 우리 사회에는 아직도 죽음을 택할 만큼 빈곤에 시달리는 이웃이 있었기 때문입니다.

송파 세 모녀는 게으르거나 노력을 하지 않았기에 가난했던 것이 아닙니다. 그들은 생활고에 허덕이면서도 공과금이나 집세를 꼬박꼬박 내기 위해 노력했습니다. 우리 사회에 그들을 빈곤에서 벗어나도록 도와주고 보호해 주는 '안전망'은 없었던 것일까요?

실제로 빈곤 문제는 자력으로 해결하기 어려운 경우가 많습니다. 그래서 대부분의 복지 국가는 빈곤을 퇴치하기 위해 '사회 보장 제도'를 실시합니다. 국민들은 살아가면서 빈곤 상태에 빠질 만한 여러 가지 위기에 놓입니다. 소득이 너무 낮거나 직업을 잃었을 때, 나이가 너무 많아 직장을 얻기 힘들 때, 건강을 잃었을 때, 자연재해를 당했을 때 등이 그 예입니다. 살면서 이러한 위기가 닥쳐도 국민이 최소한의 인간다운 생활을 할 수 있도록 국가가 지원해 주는 제도를 사회 보장 제도라고 합니다.

예를 들어 병이 들어 일할 수 없고 치료를 위해 많은 병원비를 내야 하는 사람은 자칫 빈곤 상태에 빠지기 쉽습니다. 이럴 때를 대비해서 국가는 국민 건강 보험 제도를 시행합니다. 병원에서 받은 진료비 명세서를 보면 '국민건강보험공단'이라는 곳에서 진료비의 상당 부분을 부담해 주는 것을 알 수 있지요. 즉, 우리는 국가가 세운 건강보험공단을 통해 진료비를 일부 혹은 전부 지원받습니다. 이런 혜택을 누리기 위해 소득이 있는 국민은 평소 꾸준히 국가에 보험료를 냅니다. 이렇게 국민이 평소에 낸 보험료를 바탕으로 국가가 병원비의 전부 또는 일부를 책임져 주는 것이지요. 우리나라는 이 국민 건강 보험 제도가 상당히 잘 갖추어진 나라 중 하나입니다.

건강 보험 제도와 같이 국민이 낸 보험료를 바탕으로 이루어지는 사회 보장 제도의 한 종류를 사회 보험이라고 합니다. 노후에 소득이 낮아질 때를 대비한 국민연금 제도, 직장을 잃어 생활이 어려워질 때를 대비한 실업 보험, 일하다가 다칠 경우를 대비한 산업 재해 보상 보험 등이 이에 해당합니다.

사회 보장 제도에는 공공 부조도 있습니다. 사회 보험은 소득이나 직장이 있어 보험료를 부담할 수 있는 사람들을 대상으로 합니다. 이에 비해 공공 부조는 빈민이나 장애인, 노령자 등 자신의 힘으로 생활하기 어려운 사람들을 국가가 무상으로 도와주는 제도입니다. '국민기초생활 보장법'에 따라 생계비와 주거비, 교육비 등을 지원해 주는 일이 대표적인 예입니다.

그런데 앞서 이야기한 송파 세 모녀는 생계가 곤란할 지경이었는데도 어째서 공공 부조의 도움을 받지 못했을까요? 이들은 생활 보호 대상자가 될 요건에서 애매하게 벗어나 있었습니다. 연로한 어머니에게는 소득이 있었고, 큰딸의 병 역시 일하기 어려울 정도의 병으로 인정받지 못해 국민 기초 생활 보장 제도 신청을 거부당한 것입니다.

송파 세 모녀 사건은 사회 보장 제도의 사각지대에 놓여 있던 사람들을 조명하는 계기가 되었습니다. 국가의 도움이 절실하지만 까다로운 자격 기준 때문에 그 도움을 받지 못하는 사람들이 있었던 것이지요. 이러한 이유로 2014년 12월에는 '송파 세 모녀법'으로 불리는 '국민기초생활 보장법 개정안'이 마련되기도 했습니다.

최저 임금 제도를 둘러싼 논란

2018년 상반기, 신문 경제면의 최대 이슈는 '최저 임금 제도'였습니다. 2019년에 적용될 정부의 최저 임금 인상안을 놓고 찬반양론이 격렬하게 부딪친 것입니다. 정부는 2018년보다 10.9%가 오른 8350원으로 2019년 최저 임금액을 책정하고자 했습니다. 하지만 이에 반대하는 여론이 만만치 않았습니다. 최저 임금 제도가 무엇이기에 이와 같은 사회적 갈등을 불러온 것일까요?

최저 임금이란 한마디로 근로자에게 주는 임금의 최저 한도를 정한 액수입니다. 근로자들이 자신들을 고용한 기업이나 사업장에서 적어도 얼마 이상을 받도록 정부에서 그 최저 금액을 정한 것이지요. '최저 임금법'에 의하면 2018년 한 명 이상의 근로자를 고용하는 모든 사업장에서는 근로자에게 임금을 줄 때, 무조건 1시간당 7530원 이상으로 시급을 계산하여 지급해야 했습니다. 이를 어길 경우 그 사업장에는 3년 이하의 징역이나 2000만 원 이하의 벌금이 부과되었습니다.

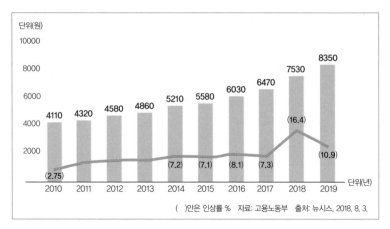

단위(원)

( )안은 인상률 % 자료: 고용노동부 출처: 뉴시스, 2018. 8. 3.

연도별 최저 임금 인상 변화

최저 임금 제도를 시행하는 이유는 간단합니다. 임금 수준이 터무니없이 낮으면 근로자들의 생활이 어려워지고 빈곤 상태에 빠지기 쉽기 때문입니다. 최저 임금은 근로자가 기본적인 생활을 영위하며 노동의 정당한 대가를 받도록 하기 위한 제도입니다.

이렇게 좋은 취지로 마련된 최저 임금 제도지만, 때로는 이를 둘러싼 논란이 생기기도 합니다. 일단 대부분 기업은 최저 임금 제도를 그다지 환영하지 않습니다. 근로자 임금에 드는 비용이 더 많아지기 때문입니다. 더 나아가 최저 임금 제도가 노동자 전체에 부정적인 영향을 끼친다는 의견도 있습니다. 기업들이 최저 임금 제도로 더 나가는 비용을 줄이기 위해 아예 채용을 줄이거나 해고를 늘려 실업자를 양산한다는 것이지요.

반대로 최저 임금 제도를 찬성하는 입장에서는 최저 임금을 올려도 고용에는 큰 영향이 없다고 이야기합니다. 오히려 최저 임금을 늘리면 근로자들의 소득이 늘어나고, 소득과 구매력이 증가하면 이들의 소비도 증가한다는 것이지요. 이런 소비의 증가가 기업의 생산 증가로 이어져 나라 경제가 성장할 수 있다는 것이 그들의 주장입니다.

이런 찬반 논란이 있기 때문에 최저 임금의 액수를 결정하는 것 또한 민감한 사안입니다. 우리나라의 최저 임금은 매년 계속 늘어왔지만, 구체적인 인상률에 대해서 많은 사람의 의견이 달랐습니다. 2016년까지 6000원대에 머무른 최저 임금을 두고 노동계에서는 '생활비보다 터무니없이 낮다'는 의견이 나왔습니다.

2018년과 2019년 들어 이전보다 비교적 높은 인상률로 최저 임금이 오르자 이에 대한 각계의 의견이 대립하기 시작했습니다. 각종 기업이나 경제 단체들은 '인상률이 지나치게 높다' '부작용이 나타날 수 있다'며 반대 의견을 냈습니다. 기업들뿐 아니라 규모가 작은 가게나 영업장을 운영하는 소상공인들도 '높아진 최저 임금으로 인해 인건비가 많이 들어 장사나 운영이 어렵다'는 하소연을 하기도 했지요.

반면 노동계에서는 이 정도의 최저 임금 인상은 당연한 일이라는 입장입니다. 인건비 때문에 기업이나 자영업자들이 힘든 것은 아니라는 이야기죠. 대기업의 횡포, 또는 높아져 가는 임대료 때문에 사업자들의 어려움이 커지는 것이지 최저 임금 인상이 그 원인은 아니라는 것입니다.

최저 임금 제도는 소득 재분배 정책의 하나지만, 이처럼 항상 찬반양론이 따르는 사안입니다. 최저 임금 제도를 시행할 때 노동 시장에 대한 정부의 세심한 조사와 근로자와 사용자 간의 배려와 협의가 뒷받침되어야 하는 이유입니다.

세금으로 소득 재분배하기

여기 나체로 말에 탄 아름다운 여인이 있습니다. 여인은 조심스럽게 머리카락으로 몸을 가렸지만, 그녀를 태운 말은 화려한 장식물과 안장을 달고 위풍당당하게 나아가고 있습니다. 아름다우면서도 어딘지 안쓰러워 보이는 이 여인은 어째서 벌거벗은 채 거리로 나왔을까요?

이 여인은 고다이바Lady Godiva 부인입니다. 벨기에산 초콜릿 '고디바GODIVA'라는 이름은 바로 그녀에게서 유래했습니다. 그녀는 중세 영국의 레오프릭이라는 영주의 부인이었습니다. 레오프릭Leofric은 무리하게 많은 세금을 거두어 가난한 백성들을 더 힘들게 했는데, 이를 안타깝게 여긴 고다이바 부인은 남편에게 세금을 줄여 달라고 부탁했습니다. 하지만 영주는 그녀를 비웃으며 "당신이 알몸으로 마을을 한 바퀴 행진하면 세금을 줄여 주겠다"라고 했습니다. 영주의 부인인 아내가 정말로 그런 행동을 할 리 없다고 여기고 한 말이었지요.

〈고다이바 부인〉, 존 콜리어, 1898년

하지만 고다이바 부인이 백성을 위하는 마음은 진심이었습니다. 고민 끝에 수치심을 무릅쓰고 행진을 했습니다. 그런데 이날 영주 부인의 소문을 미리 듣고 크게 감동한 백성들은 모두 집으로 들어가 문을 잠그고 그녀의 나체를 보지 않기로 했습니다. 결국 영주는 고다이바 부인의 용기 있는 행동에 감명받아, 약속대로 세금을 줄여 주었다고 합니다. 영국 화가 존 콜리어John Collier는 〈고다이바 부인Lady Godiva〉에 고다이바 부인의 은혜롭고 용기 있는 행동을 담아냈습니다.

고다이바 부인의 이야기는 큰 감동을 주는 한편 '세금'에 관해 생각해 보게 합니다. 세금은 예나 지금이나 서민 경제에서 중요한 문제였습니다. 고다이바 부인이 살던 시대에는 지배자가 임의대로 세금을 걷을 수 있었습니다. 백성들은 가혹한 세금 때문에 더 가난해지고, 지배층은 이렇게 걷은 세금으로 사치를 일삼고는 했지요. 이 경우 세금은 사회의 경제적 불평등을 심화하는 원인 중 하나였습니다.

하지만 현대 복지 국가에서의 세금은 다른 역할을 합니다. 세금은 경제적 불평등을 줄이는 방법의 하나로 활용됩니다. 소득이나 재산이 많은 계층에게 세금을 더 걷고, 가난한 사람들에게 세금을 면제해 주거나 줄여 주면 경제적 불평등을 완화할 수 있습니다.

오늘날 대부분의 국가는 불평등을 줄이려는 목적으로 소득세 정책을 만들었습니다. 우리나라의 직장인들이 연봉별로 내는 세금액을 살펴보면, 모두가 같은 세율로 세금을 내는 것이 아님을 알 수

잘 가꾸어진 공원에서 산책하거나 쉬며 시간을 보내는 사람들

있습니다. 근로 소득이 많으면 많을수록 소득세의 세율이 높아집니다. 예를 들어 근로 소득이 1년에 1200만 원 이하인 사람들은 1년 소득의 6%만 세금으로 냅니다. 반면 1년 근로 소득이 5억 원을 초과하는 사람들은 무려 40% 세율로 세금을 내게 됩니다. 결코 낮은 비율이 아니지요.

이처럼 소득액이 많을수록 높은 세율을 적용하는 방식의 세금을 누진세라고 합니다. 소득세를 누진세 방식으로 걷는 이유는 소득이 낮은 사람들에게 세금을 덜 내게 하고, 소득이 높은 사람들에게 세금을 더 내게 함으로써 그들 사이의 격차를 줄이기 위해서입니다.

소득이나 재산이 많은 사람이 주로 살 수 있는 사치품에 세금을 높게 매기는 것도 소득 불평등을 줄이는 또 다른 방법입니다. 우리나라의 개별 소비세는 특정한 장소에서 사는 물건이나 특정한 물품, 예를 들어 보석이나 귀금속, 고급 시계, 고급 모피나 가구 등 사치품에 매기는 세금입니다.

물론 시대에 따라 '사치품'의 기준이 바뀌므로 개별 소비세에 해당하는 품목 역시 바뀌게 됩니다. 에어컨이나 냉장고 등 가전제품도 한때는 '사치품'으로 규정되었습니다. 하지만 에어컨이나 냉장고는 이미 대중화되어 대부분의 가정에 보급되어 있습니다. 이런 이유로 2016년부터는 이 두 품목이 개별 소비세의 대상에서 빠지게 되었습니다.

한편 정부가 국민에게서 걷은 세금으로 경제적 어려움을 겪는 사람들을 도울 수도 있습니다. 자신의 수입으로는 기본적인 생활을 유지하기 어려운 사람들에게 정부가 매달 생활비를 지원해 주거나 임대 주택이나 무료 급식 등을 제공해 줄 수도 있지요.

'가난 구제는 나라님도 못 한다'는 말은 어쩌면 오늘날까지도 통용될지 모릅니다. 하지만 오늘날, 빈곤에 빠진 사람들에게 가장 큰 도움을 주고, 근본적으로 불평등을 해소하는 역할을 할 수 있는 제일의 주체가 국가인 것은 분명합니다. 다만 정부는 복지를 제공하고 불평등을 해소하는 정책을 시행할 때 세심한 배려를 기울여야 합니다. 도움이 절실한 형편이지만, 정작 국가의 도움을 받지 못하는 사람들이 생길 수 있기 때문입니다. 복지의 사각지대까지 해소해야 다시는 송파 세 모녀의 비극과 같은 사건이 일어나지 않을 것입니다.

정리 하기

1. 소득 재분배 정책이란 자본주의 사회에서 나타날 수 있는 경제적 불평등을 줄이기 위해 정부가 실시하는 정책을 말한다. 사회 보장 제도, 최저 임금 제도, 누진세 등이 해당한다.

2. 사회 보장 제도란 국가가 국민의 최소한의 인간다운 생활을 보장하기 위해 실시하는 제도를 말한다. 사회 보험과 공공 부조가 이에 속한다.
   - 사회 보험: 노령, 질병, 산업 재해, 실업 등으로 빈곤에 놓일 위험을 줄이기 위해 소득이 있는 국민들에게 국가가 보험료를 걷어 그 혜택을 주는 제도.
   - 공공 부조: 자립으로 생활하기 어려운 사람들에게 최저 생활을 보장해 주는 제도.

3. 최저 임금 제도란 근로자의 정당한 임금 수준을 보장하기 위해 임금의 하한선을 정하는 제도를 말한다.

4. 정부는 세금 정책으로 불평등을 줄일 수도 있다. 소득이 높을수록 높은 세율을 적용하는 누진세나 사치품에 부과하는 개별 소비세 등이 해당한다.

무상 급식을 둘러싼 논란

/ 효율성이냐, 형평성이냐 /

지니는 다른 지역으로 전학 간 친구와 통화를 하다가 학교 급식에 관해 이야기했다. 지니가 사는 지역에서는 초·중학교에 무상 급식이 제공되고 있었지만, 친구가 사는 곳에서는 중학교 무상 급식을 시행할지를 두고 아직 논의 중이었다.

지니 선생님, 무상 급식은 학생들이 공짜로 밥을 먹을 수 있는 좋은 제도인데, 왜 이런 제도를 두고 반대하는 사람들이 있는 걸까요?

선생님 한마디로 무상 급식에 드는 비용 때문이지. 무상 급식에는 음식 재료비, 조리 비용, 인건비 등 엄청난 돈이 드는데, 이 돈이 과연 어디에서 나오는 것일까?

지니 음, 글쎄요? 교육청에서 나오는 것 아닐까요? 아니면 학교가 속한 시나 도의 예산일 수도 있고요.

선생님 그렇지. 그런데 교육청이나 지방 자치 단체에서 쓰는 돈은 사실 지역 주민이나 국민이 내는 '세금'에서 나오고, 이렇게 마련된 예산은 한정되어 있어.

무상 급식에 반대하는 사람들은 지역 전체 학생을 대상으로 하는 전면 무상 급식이 예산을 낭비하는 일이라고 본단다. 그래서 가정 형편이 어려운 학생들만 선별해서 그들에게만 무료로 급식을 주어야 한다고 주장하지. 남는 예산은 학교 시설을 개선하거나 다른 교육 서비스에 투자할 수 있다는 장점도 있다면서 말이야.

지니 한정된 예산을 가장 필요한 곳에 적절하게 써야 한다는 주장도 일리가 있네요.

선생님 그렇지. 반면 전면 무상 급식에 찬성하는 사람들은 소득이나 자산을 기준으로 가정 형편이 어려운 학생들을 일일이 선별해 급식을 지원해 주는 것이 오히려 비효율적이라고 주장한단다. 선별하는 과정에서 시간과 돈이 많이 들어간다는 것이지. 또 무상 급식 같은 복지 혜택은 가정 형편이 어려운 사람뿐 아니라 모든 국민이 고루고루 받아야 한다고 생각하지.

정리하자면 무상 급식을 둘러싼 논란은 결국 '효율성'과 '형평성' 간의 충돌이라고 볼 수 있어.

지니 효율성과 형평성이요?

선생님 효율성은 최소의 비용으로 최대의 효과를 낼 수 있게 자원을 나누어야 한다는 원칙이지. 반면 형평성은 모든 사람에게 균형 있게 자원을 나누어 주어야 한다는 원칙이야.

한정된 예산을 가장 쓸모 있는 곳에 쓰자는 무상 급식 반대 논리는 '효율성'을 조금 더 중요시하는 것이고, 부자든 가난한 이든 모두가 복지 혜택을 고르게 받게 하자는 주장은 '형평성'을 조금 더 중요시하는 것이지.

지니 선생님, 그런데 무상 급식은 복지 정책의 하나잖아요. 복지 정책이라는 것 자체가 여러 사람이 인간답고 행복하게 살 수 있도록 실시하는 것이니까 애초에 형평성을 중요시하는 것 아닌가요?

선생님 　오, 지니가 아주 좋은 질문을 했구나. 물론 무상 급식 같은 복지 정책 자체는 모든 국민이 인간다운 삶을 살도록 하자는 '형평성'을 이루기 위해 실시하는 것이지. 하지만 복지 정책을 시행하는 구체적인 방법을 정할 때 '효율성'을 더 중요시하는 입장과 '형평성'을 더 중요시하는 입장으로 나뉠 수 있는 거란다.

지니 　그렇군요. 예산을 효율적으로 쓰는 일도, 복지 혜택이 많은 사람에게 공평하게 돌아가는 일도 모두 다 중요하니까, 사람마다 생각이 다를 수 있겠네요.

선생님 　그렇지. 그래서 국가나 지방 자치 단체에서 어떤 정책을 펼 때는 항상 효율성과 형평성 양쪽을 적절히 고려해서 결정할 필요가 있단다.

서양 명화에 등장하는
성인들

서양 명화에는 그리스·로마 신화 속 신을 비롯하여 기독교 성경 속 성인을 그린 작품이 많습니다. 그리스·로마 신들과 마찬가지로 성인들 역시 자신의 상징물과 함께 등장합니다.

명화에 자주 등장하는 대표적인 성인 중 한 명이 성 베드로Saint Peter입니다. 베드로는 예수 그리스도의 가장 중요한 제자이자, 기독교 교회를 세운 성인입니다. 예수 그리스도에게서 천국의 열쇠를 받았다고 하여 열쇠와 함께 그려지는 경우가 많습니다. 또한 그림에 십자가에 거꾸로 매달린 남성이 등장한다면 그가 바로 베드로일 가능성이 큽니다. 베드로가 십자가에 거꾸로 매달려 순교했기 때문입니다.

사도 성 바울Saint Paul 또한 초기 기독교를 이끈 중요한 성인입니다. 그는 예수 그리스도의 가르침을 널리 전파하며 선교를 하다가 박해를 받아 순교하게 됩니다. 그는 종종 선교를 상징하는 책, 순교를 상징하는 칼과 함께 등장합니다.

요단강에서 예수 그리스도에게 세례를 해 준 세례 요한John the Baptist은 나무 십자가를 들고 가죽옷을 걸치고 등장하는 경우가 많습니다. 이탈리아 화가 산치오 라파엘로Sanzio Raffaello의 〈초원의 성모Madonna in the Meadow〉에는 나무 막대를 들고 가죽옷을 두른 어린 요한의 모습이 등장합니다.

이 외에 상징물과 함께 명화에 등장하는 성인으로는 천사와 함께 나오는 마태오Matthaeus, 황소와 함께 등장하는 누가Luke, 독수리와 함께 나타나는 사도 요한John the Apostle 등이 있습니다.

〈베드로의 십자가형The Crucifixion of Saint Peter〉, 카라바조Caravaggio, 1600∼1601년

참고 도서

그레고리 맨큐 저, 김경환·김종석 역,『맨큐의 경제학』, 교보문고, 1999.

팀 하포드 저, 김명철 역,『경제학 콘서트』, 웅진지식하우스, 2006.

김대식 외 저,『현대 경제학원론』, ㈜박영사, 2018.

차홍규·김성진 편저,『알수록 다시 보는 서양미술 100』, 미래타임즈, 2018.

모니카 봄 두첸 저, 김현우 역,『세계명화 비밀』, 생각의나무, 2002.

문소영 저,『그림 속 경제학』, 이다미디어, 2014.

파쿤도 알바레도 외 저, 장경덕 역,『세계불평등보고서 2018』, 글항아리, 2018.

김진수 외 저,『중학교 사회 2』, 미래엔, 2018.

정창우 외 저,『고등학교 통합사회』, 미래엔, 2018.

구정화 외 저,『고등학교 통합사회』, 천재교육, 2018.

그림이 보이고 경제가 읽히는 순간

ⓒ 태지원, 2019

초판 1쇄 발행일 2019년 4월 8일
초판 6쇄 발행일 2023년 9월 30일

지은이   태지원
펴낸이   정은영

펴낸곳   (주)자음과모음
출판등록 2001년 11월 28일 제2001-000259호
주소   10881 경기도 파주시 회동길 325-20
전화   편집부 (02)324-2347, 경영지원부 (02)325-6047
팩스   편집부 (02)324-2348, 경영지원부 (02)2648-1311
이메일   jamoteen@jamobook.com

ISBN 978-89-544-3975-6 (44080)
     978-89-544-3135-4 (set)